Alexandra Reinwarth

Glaub nicht alles, was du denkst

Alexandra Reinwarth

Glaub nicht alles, was du denkst

Wie du deine Denkfehler entlarvst
und endlich freie Entscheidungen triffst

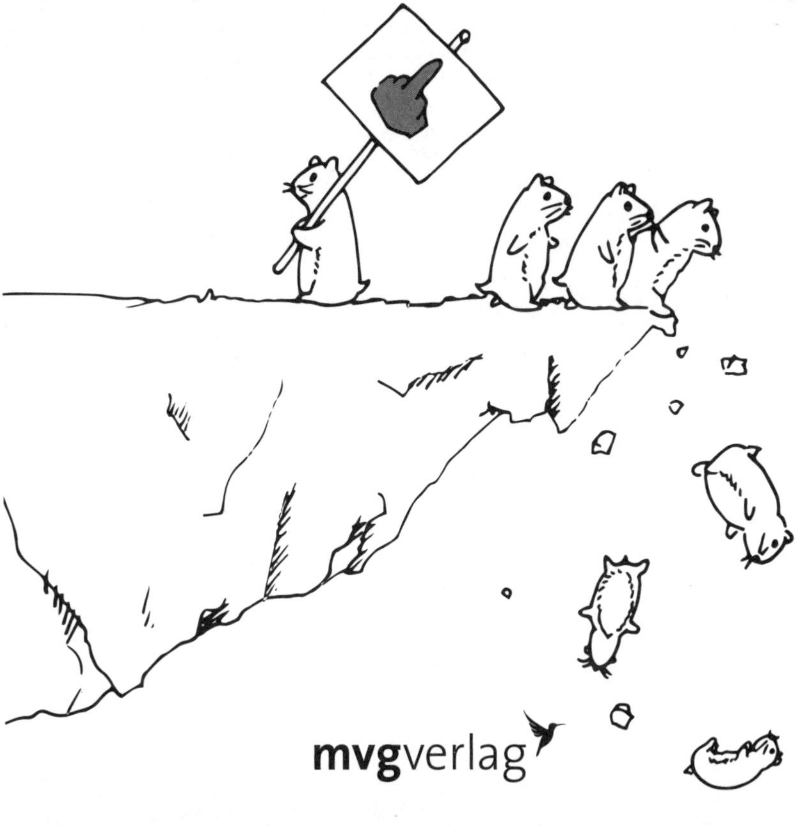

mvgverlag

Bibliografische Information der Deutschen Nationalbibliothek
Die Deutsche Nationalbibliothek verzeichnet diese Publikation in der Deutschen Nationalbibliografie. Detaillierte bibliografische Daten sind im Internet über http://d-nb.de abrufbar.

Für Fragen und Anregungen
info@mvg-verlag.de

Originalausgabe
1. Auflage 2019
© 2019 by mvg Verlag, ein Imprint der Münchner Verlagsgruppe GmbH
Nymphenburger Straße 86
D-80636 München
Tel.: 089 651285-0
Fax: 089 652096

Alle Rechte, insbesondere das Recht der Vervielfältigung und Verbreitung sowie der Übersetzung, vorbehalten. Kein Teil des Werkes darf in irgendeiner Form (durch Fotokopie, Mikrofilm oder ein anderes Verfahren) ohne schriftliche Genehmigung des Verlages reproduziert oder unter Verwendung elektronischer Systeme gespeichert, verarbeitet, vervielfältigt oder verbreitet werden.

Redaktion: Sybille Beck
Umschlaggestaltung und -abbildung: Laura Osswald und shutterstock.com/tn-prints
Satz: inpunkt[w]o, Haiger (www.inpunktwo.de)
Druck: CPI books GmbH, Leck
Printed in Germany

ISBN Print 978-3-7474-0043-2
ISBN E-Book (PDF) 978-3-96121-377-1
ISBN E-Book (EPUB, Mobi) 978-3-96121-378-5

Weitere Informationen zum Verlag finden Sie unter

www.mvg-verlag.de

Beachten Sie auch unsere weiteren Verlage unter www.m-vg.de

INHALT

Einleitung 8

1. Kognitive Dissonanz 15
2. Die Geschichte des Clowns 23
3. Elliot 27
4. Wenn der Clown irrt – Bescheidenheit 43
5. Die Investition 57
6. Autoritäten 63
7. Nein 72
8. Zielscheiben und Bestätigung 84
9. Tunnelblick 102
10. Halo-Effekt 112
11. Ich bin verhandelbar 122

12. Jemand muss sich um mich kümmern 131

13. The Self-Serving Bias 145

14. Die Verzögerungstaktik 161

15. Der Barnum-Effekt 174

16. Der Attributionsfehler 181

17. Ich will aber! 192

18. Ich kann alles ändern, was ich will. 200

19. Spotlight................................. 212

20. Bahnung und andere Leute 224

21. Negativ! 235

22. Stell Dich nicht so an! 247

Nachwort...................................... 252

*Natürlich wissen wir, wie man Hieben ausweicht.
Das Problem ist, dass wir irgendwann
angefangen haben zu glauben,
dass wir sie verdient haben.*

Mark Manson

EINLEITUNG

WAS WIR WISSEN, WAS WIR GLAUBEN UND WAS WIR GLAUBEN ZU WISSEN

»*Glücklicher in 10 Schritten!*«, lese ich laut vor. Ich stehe vor dem Bücherregal von Anne und halte den Kopf in dieser Schräglage, die man automatisch einnimmt, wenn man versucht, die Buchrücken in Regalen zu lesen.

»Und? Hat's funktioniert? Bist du glücklicher?«, frage ich Anne, die derweilen in der Küche Tee aufsetzt.

»Nee!«, schallt es zurück.

»Und was ist mit *Fünf Wege zur Effektivität*? Bist du effektiver geworden?«

»Nope!«, kommt es aus der Küche. »Und *Denk dich reich*?«, frage ich weiter, »tut sich da was, finanziell gesehen?«

»Auch nicht«, sagt Anne und stellt den Tee auf den Wohnzimmertisch. Wenn ich mich so umsehe, kann ich außerdem feststellen, dass das Buch *Aufräumen für Dummies* auch keine Wirkung erzielt hat. Und: »Wow, Anne?! Was ist mit *Multi-Orgasmen leicht gemacht?*« Aber an Annes Gesichtsausdruck ist zu erkennen, dass auch dieser Ratgeber nicht zum Erfolg geführt hat.

Ich habe mich schon immer gefragt, warum das nie funktioniert – also nicht das mit den multiplen Orgasmen (obwohl …), sondern das mit den Ratgebern.

Es ist schon witzig – wir meinen immer, wir müssten nur verstehen, wie etwas geht oder wie man etwas vermeidet, das machen wir dann Schritt für Schritt, und schon sind wir: organisierter, erfolgreicher, effizienter, glücklicher, führen eine bessere Beziehung und haben einen Orgasmus nach dem anderen. Aber in Annes Wohnzimmer ist es mir mal wieder aufgefallen: Verstehen reicht nicht.

Sonst würden wir nicht immer wieder Entscheidungen treffen, bei denen man sich hinterher und bei Licht betrachtet oft selbst ans Hirn greift.

Es könnte doch alles so schön sein – schließlich ist niemand von uns ein Idiot (zumindest meistens nicht) und eigentlich wissen wir ja – alles.

Wir wissen, was uns guttut:

- Freunde,
- gesundes Essen,
- Bewegung an der frischen Luft,
- kuscheln,
- mit dem Herzen entscheiden.

Wir wissen, was wir mehr machen sollten:

- Freunde treffen,
- kochen,
- uns an der frischen Luft bewegen,
- kuscheln,
- mit dem Herzen entscheiden.

Und was wir besser lassen sollten:

- Wein,
- Kippen,
- Netflix gucken bis in den Morgen,
- nörgeln (gut, das mache vielleicht nur ich),
- laue Kompromisse machen.

Wir wissen auch, was wir unter gar keinen Umständen machen sollten:

- auf der Weihnachtsfeier mit dem Kollegen aus der Buchhaltung knutschen,
- mehr Geld ausgeben, als wir haben,
- heimlich auf das Display vom Handy unseres Partners linsen,
- über Probleme grübeln, auf die wir keinen Einfluss haben.

Und trotzdem ... seufz. Irgendwie ...

Wein, die Kippe in späten Nächten und Netflix bis in die Puppen sind ja noch das geringste Problem – wir wissen nämlich auch die wichtigen Dinge: dass wir das Leben leichter und uns selbst etwas weniger ernst nehmen sollten. Wir wissen, dass wir uns insgesamt weniger Gedanken machen sollten und den Moment genießen und dass wir – und nur wir – unseres Glückes Schmied sind. Dass es gescheiter wäre, sich nicht über Kleinigkeiten zu ärgern. Dass man sagen sollte, was man denkt, leben, wie man fühlt, und machen, was man will. Weiß man alles, den ganzen Schmu.

Es weiß auch jeder Mensch, dass niemand auf dieser Welt für immer bleiben wird und man diese kurze Zeit daher mit etwas füllen sollte, das einem sinnvoll erscheint – oder zumindest einen Heidenspaß macht, am besten sogar beides. Warum machen wir das dann nicht einfach? Wenn wir so schlau sind, warum nützen uns diese ganzen spitzenmäßigen Einsichten im täglichen Leben so wenig? Etwas einzusehen, verändert anscheinend gar nichts, außer, dass man ein schlechtes Gewissen hat, weil man es einfach nicht hinbekommt – obwohl man es doch besser wüsste! Aber nicht nur man selbst bekommt es nicht hin ... sondern sonst auch niemand. Noch nicht mal jene, die schlaue Lebensweisheiten auf Facebook teilen (erfahrungsgemäß die am allerwenigsten) ...

»Man kann das Glück nicht finden,
man kann nur aufhören, es zu übersehen.«

So steht es dann da, vorzugsweise in Schreibschrift vor einem Buddhakopf in Aquarellfarben – und überhaupt, immer diese Buddhaköpfe überall! Manchmal frage ich mich, ob in anderen Teilen der Welt eine ähnliche Faszination für die christliche Religion besteht. (Ich stelle mir so etwas vor wie:

»Die zweite Wange ist der Weg!«

… vor einem Jesuskopf mit Dornenkrone, ebenfalls in Aquarell, der im indischen Facebook fleißig geteilt wird.)

Das Wissen darüber, wie alles sein sollte, im Allgemeinen und im Besonderen man selbst, hilft anscheinend nicht viel. Warum ist das so? Warum treffen wir immer wieder Entscheidungen, bei denen wir uns hinterher selbst an den Kopf langen? Wissen ist anscheinend nicht alles und unser Gehirn lässt uns jeden Tag in Denkfallen tappen, ohne dass wir es überhaupt merken.

Bis vor Kurzem hielt ich mich jedenfalls für ein freies, selbstbestimmtes und rationales Wesen. Die Recherchen zum Thema haben gezeigt, dass das eine reine Illusion ist.

Ich möchte Ihnen in diesem Buch zeigen, welche Denkfehler sich mein Hirn (und das einiger Freunde und Bekannten) so leistet, vielleicht ist etwas dabei, das Ihnen bekannt vorkommt. Und im Idealfall kommen Sie ein paar eigenen Denkfehlern auf die Spur.

Wir alle versuchen, mehr dies oder weniger das zu sein, auf jeden Fall – anders. Besser. Und da sind wir gleich beim ersten Denkfehler: Wenn zum Beispiel sehr glückliche Leute Ratgeber schreiben, behaupten die ja gerne; sie hätten irgendetwas verstanden, was wir noch nicht verstanden haben, und das müssten wir uns nur aneignen. Dann würden wir uns endlich weniger sorgen, uns weniger über unseren Partner ärgern, zufriedener sein mit dem, was wir haben, und der Glückseligkeit stünde nichts mehr im Weg. Das persönliche Glücksempfinden ist aber zu einem großen Teil in einem selbst angelegt.

Das ist ein bisschen so wie in der Werbung. Der Trugschluss ist, dass diese traumhaft schönen, makellosen Models, die sich die neue Faltencreme ins Gesicht schmieren, so schön sind, weil sie ebendiese Creme benutzen. Derweilen machen sie den Job ja nur, weil sie so traumhaft schön und makellos aussehen. Auch das wissen wir zwar eigentlich, aber die Werbung funktioniert trotzdem! Weil unser Hirn, wenn wir nicht permanent höllisch aufpassen, völlig ungeachtet unseres Wissens darauf hereinfällt. Aus dem gleichen Grund kauft meine Freundin Anne auch gerne Klamotten, die die Taille betonen. Nicht, weil die ihr besonders gut stehen würden, sie hat nämlich so gut wie keine Taille, aber an den Schaufensterpuppen sehen die Sachen großartig aus und genau so will Anne auch aussehen. Anne ist weder doof noch blind, aber sie braucht manchmal die Zeit von der Kasse bis nach Hause vor den Spiegel, bis ihr einfällt, dass sie schon wieder dem Trugschluss aufgesessen ist, die Klamotten machten die Taille.

Fragen Sie einen besonders glücklichen Menschen, warum er so ein Sonnenschein ist! Er wird nie sagen:»Keine Ahnung, das ist halt so!«, sondern, im Gegenteil, immer Gründe finden: entweder seine Einstellung oder seine Taten, auf jeden Fall etwas, das er aktiv richtig macht und das zu diesem beneidenswert positiven Gemüt führt.

Dieser Drang, eine logische Erklärung für bestimmte naturgegebene Eigenschaften zu formulieren, liegt übrigens in uns allen. Wir alle versuchen permanent, uns und anderen zu erklären, warum wir so sind, wie wir sind, und weshalb wir tun, was wir tun. Und meistens liegen wir damit total daneben. Tatsächlich bestimmen nämlich unsere Gefühle einen Großteil unserer Entscheidungen, die vernünftigen Gründe erfinden wir hinterher. Das Lustige ist: Auch das ist ganz normal so, heißt es.

Und wenn das nicht verblüffend, spannend und höchst beunruhigend ist, dann weiß ich auch nicht.

1.
KOGNITIVE DISSONANZ

Wir entscheiden nach Gefühl? »Kann nicht sein«, schüttle ich zunächst ungläubig den Kopf – aber dann fällt mir eine Reihe von Exfreunden ein, die eindeutig beweist, dass die Beteiligung des Verstandes bei einigen Entscheidungen nahezu ausgeschlossen ist. Unter anderem gab es einen *Er-trennt-sich-bestimmt-bald*, einen *Irgendwann-wird-er-mich-lieben* und nicht zu vergessen den *Er-wird-sich-bestimmt-ändern*. Ehrlich gesagt, gab es von Letzterem sogar drei. Aber hey – wäre ja auch komisch, wenn Herzensangelegenheiten nicht vom Gefühl bestimmt würden. Und dass man den gleichen Fehler gleich dreimal hintereinander macht, kann vielleicht noch als extreme Dämlichkeit ausgelegt werden.

Von Exfreunden abgesehen, bin ich allerdings durchaus ein herausragendes Beispiel an Rationalität und fälle meine Entscheidungen ausschließlich nach einem ausgewogenen Abwägen aller Fakten, finde ich. »Tust du überhaupt nicht«, findet hingegen L., mein meistens reizender Lebensgefährte. Noch während ich entrüstet die Backen aufblähe und gedanklich zum Angriff blase, deutet L. stumm auf eine beachtliche Reihe Schuhe, die unseren Gang ziert.

»Was?«, blaffe ich ihn an. »Menschen brauchen nun mal Schuhe!« Und L. nickt verständig mit dem Kopf: »17 Paar ...«, aber so schnell gebe ich mich nicht geschlagen.

»Ich kann ja schlecht immer dieselben tragen, sogar du hast mehrere!«, muss aber sogar selbst zugeben, dass das nicht mein stärkstes Argument ist. Tatsächlich ergibt sich vor dem Schaufenster eines schönen Schuhgeschäfts in meinem Kopf regelmäßig ein immer gleicher Argumentationsstrang:

- Diese Absatzhöhe/Farbe/Form habe ich noch nicht.
- Zumindest nicht *ganz* so.
- Hohe/bequeme/schwarze Schuhe kann man IMMER brauchen.
- Ich habe mir eigentlich eine Belohnung verdient.
- Bis zum Schlussverkauf sind sie bestimmt weg!/Runtergesetzt sind sie auch noch!
- Und das finale Argument, das immer geht: Die sehen toll zu Jeans aus!

Und ich muss zugeben: Ich mache das ständig. Also nicht nur vor Schuhgeschäften, sondern generell. Ich will etwas – warte, ich finde ein paar Gründe dafür, warum ich es brauche. Man kann sich selbst geradezu innerlich dabei zusehen, wie man angestrengt irgendwelche kruden Argumente zusammenkratzt. Dann kann man über sich selbst schmunzeln – und die Dinger schließlich kaufen, weil man gar so niedlich ist.

Das geht auch andersherum, nämlich mit Ausreden, ganz hervorragend. Andi zum Beispiel, mein kettenrauchender Freund aus Jugendtagen, wartet mit den absonderlichsten Argumenten auf, warum er die Raucherei nicht endlich an den Nagel hängt:

- Er lebt ja sonst so gesund.
- Ein Laster muss man ja haben.
- *Sooo* viel raucht er ja gar nicht.
- Zucker/Feinstaub/Fett ist das wahre Gesundheitsrisiko.

… und überhaupt: An irgendwas muss man ja irgendwann sterben. Außerdem hat Opa auch geraucht und gesoffen wie nichts Gutes und ist 90 Jahre alt geworden! Ja nun.

Dass wir uns permanent vor uns selbst das Hirn verbiegen, hat einen Grund, den Fachleute ›kognitive Dissonanz‹ nennen, und sie bezeichnet das scheußliche Gefühl, dass die eigene Handlung mit der eigenen Überzeugung irgendwie nicht in Einklang zu bringen ist. Wer das schnell mal spüren möchte kann sich kurz in diesen Gedanken hineinfühlen:

Wie schlimm finden Sie es, auf einer Skala von 1 bis 10, dass alle zehn Sekunden ein Kind an Hunger stirbt?

....
....
....

Fertig?

Gut. Und jetzt überlegen Sie, wann Sie das letzte Mal etwas dagegen getan haben: ....

....

Merken Sie es? Dieses unangenehme Gefühl ist kognitive Dissonanz und wir haben zwei Möglichkeiten, damit umzugehen:

Möglichkeit 1: Wir ändern unser Handeln, also spenden jetzt zum Beispiel einer Hilfsorganisation eine Summe X.

Möglichkeit 2: Wir suchen einen anderen Ausweg, der könnte zum Beispiel so aussehen:

- Die Spenden fließen zum Großteil eh in die Bürokratie ...
- ... oder in die Hände korrupter Politiker im Bestimmungsland.
- Finanzielle Hilfe hindert die armen Länder, selbst auf die Beine zu kommen.
- Erst mal muss man ja wohl den Obdachlosen vor Ort helfen.
- Man kann ja nicht die ganze Welt retten.
- Und für die ganz Hartgesottenen: Ist doch nicht mein Problem, wenn die das dort nicht auf die Reihe kriegen.

Seit Facebook kommt noch die Möglichkeit 3 hinzu: Ich teile einen emotionalen Post gegen den Hunger auf der Welt.

Das ändert zwar gar nichts an der Realität, aber fühlt sich ganz gut an. Jetzt kann man natürlich über den Sinn von Entwicklungshilfe generell durchaus diskutieren (und das wird ja auch getan), aber es ist ja nicht im Umkehrschluss so, dass sich jemand wegen der obigen Gründe dann Gedanken darum macht, wie er dem Obdachlosen vor Ort helfen kann. Im Gegenteil, da geht es dann weiter mit:

- Wenn er wirklich wollen würde, dann hätte er Arbeit.
- Der ist faul/hat die falschen Entscheidungen getroffen.
- Der muss doch nur zum Sozialamt.
- Er hat es sich vielleicht so ausgesucht.
- Das ist eh alles eine Mafia.

Sie verstehen, was ich meine? Um das konkrete Thema geht es hier gar nicht, sondern um das Prinzip. Das Suchen von solchen Argumenten, die die eigene Welt wieder in Ordnung bringen, ist eine Möglichkeit, diese unangenehme kognitive Dissonanz aufzulösen. Eine andere geht so: Wenn ich es endlich vor mir selbst so hingebogen habe, dass ich die Schuhe praktisch kaufen *muss*, weil sie wunderschön, dringend benötigt (na ja) und noch dazu ein großartiges Schnäppchen sind – also, wenn es sie dann in meiner Größe nicht gibt, dann kann ich direkt weitermachen:

- *Sooo* schön sind sie auch wieder nicht.
- Meine anderen schwarzen sind eigentlich noch ganz gut in Schuss.
- Das Geld kann ich wirklich für was anderes brauchen.

… und bin wieder ganz zufrieden. Eigentlich kann man kognitive Dissonanz auch so beschreiben:
Ich mach mir die Welt, widdewiddewie sie mir gefällt …

Genau. Und zwei mal drei macht vier. Sagte schon Pippi Langstrumpf.

Und das funktioniert in allen Lebenslagen! Ich habe zum Beispiel lange Zeit unfassbar viel Sprite getrunken – diese pappsüße Zitronenlimonade. Literweise. Das ging so lange gut, bis das Kind groß genug war zu fragen, warum es selbst eigentlich nur Wasser und Saftschorle zu trinken bekommt und nicht den guten Stoff. Wenn Sie da anfangen mit »Da ist nur Zucker drin, das ist höllisch ungesund«, wird es Sie eventuell mit großen Augen ansehen, denn wo bleibt denn da der Sinn, wenn Sie das Zeug weiterhin in sich hineinschütten, als müssten Sie einen Großbrand löschen? Aber kaum hatte der Verstand beschlossen, dass es wirklich besser, gesünder und klüger wäre, auf die Plörre zu verzichten, sprang in meinem Kopf ein Clown aus der Kiste, der lamentierte: »Bist du bescheuert? Warum immer auf alles verzichten, was Spaß macht oder schmeckt? Dann kannst du ja auch gleich vegan werden, den Fernseher abschaffen und auf einen Selbstversorgerhof ziehen – und zwar ohne fließend Wasser!« Zugegeben, mein innerer Clown übertreibt manchmal schamlos.

Er ist es auch, der zum Abendessen gern Strawberry-Cheesecake-Eis von Häagen-Dazs hätte, das isst er nämlich am liebsten. Da ist sie wieder, die kognitive Dissonanz – ich weiß nämlich, dass Eis kein Eins-a-Abendessen ist und mein Hirn versucht, diese Missstimmung sogleich zu lösen, und sagt so etwas wie: »Hey – es war ein langer Tag, du hast dir echt ein bisschen Eiscreme verdient, ein bisschen Cheesecake-Eis hat noch keinen umgebracht. Außerdem ist da Erdbeere drin und Erdbeeren sind gesund!« Und ich kann aufatmen und den großen Löffel aus der Schublade holen. Danke, Hirn! Und so geht das die ganze Zeit.

Natürlich sollte niemand in der verkehrsberuhigten Zone schneller als Dingsbums fahren und wenn das jemand tut, halten wir ihn für einen egoistischen, rücksichts- sowie verantwortungslosen Idioten. Ich hingegen hatte es gerade furchtbar eilig, ich hatte praktisch keine andere Wahl! Und es ist ja auch nur dieses eine Mal und es ist eh nichts passiert.

Apropos Wahl. Sollte man hingehen, stimmt's? Aber die eine Stimme ändert eh nichts am System und deswegen kann man genauso gut im Bett bleiben und einen Film streamen, das ist zwar illegal, aber hey – es ist ja praktisch alles illegal, was Spaß macht ... Sie verstehen den Plot?

Ob die Schuhe nun gekauft werden oder nicht, ob Sie den Becher Eis essen oder ob Sie dem Obdachlosen nun Geld geben oder nicht, spielt keine so große Rolle (außer für den Obdachlosen) – aber das Prinzip, dass unser Hirn sich irgendeine Argumentation zusammenkratzt, um zu rechtfertigen, was wir den lieben langen Tag so tun und lassen, das schon.

Das Erstaunliche an diesem Prinzip sowie noch an einigen anderen Mechanismen in unserem Gehirn ist, dass wir es unfassbar oft einfach nicht bemerken, wenn sie zum Einsatz kommen (nämlich ständig), und zwar bei Dingen, die wesentlich bedeutsamer sind als Schuhe und Kleingeldbeträge. Tatsächlich, so sagt die moderne Hirnforschung, ist unser Hirn permanent damit beschäftigt irgendwelche Geschichten zu erfinden, die uns und anderen erklären, warum wir irgendetwas tun oder nicht tun – und macht dabei jede Menge Fehler. Also jetzt nicht nur Ihr Gehirn, sondern Gehirne generell. Und das kommt so:

2.
DIE GESCHICHTE DES CLOWNS

In der Vergangenheit ging man stets davon aus, dass der Clown aus der Kiste – unsere Gefühle, unser Unbewusstes – irgendwie von unserem Verstand in Zaum gehalten werden muss. So wie ein wildes Tier durch einen Dompteur. Stellen wir uns den Verstand, die Ratio, als einen seriösen Herrn im dunklen Anzug vor. Er ist der Gegenpart zu dem albernen Clown mit der roten Nase. Sein Job ist es, dafür zu sorgen, dass der Clown nicht die Herrschaft übernimmt und uns in einem spektakulären Strudel aus Eiscreme, Sofa, Filmen, Drogen, Partys und spontanen One-Night-Stands in den Abgrund reißt. Er lässt durchaus was durchgehen, besonders am Wochenende, aber irgendwann muss es auch wieder gut sein. Er ist der kühle Kopf, er versteht Argumente (und Gegenargumente), er plant unseren Weg und er weiß, was gut für uns ist. Der Clown hingegen weiß, was sich gut anfühlt – und wenn es weitab vom Weg irgendwo glitzert, dann: HEIDEWITZKA, NICHTS WIE HIN! ES GLITZERT! So ist er.

Er ist aber nicht nur ein hedonistischer Partyteufel, sondern hat die ganze Bandbreite der Gefühle dabei, auch Rache und

Zorn und Eifersucht und Unsicherheit und Gier und das ganze unschöne Gesocks. Wenn man zum Beispiel eine Mail von einem Kunden bekommt, die einen so richtig auf die Palme bringt, eine, in der einem in höchst herablassenden Worten Inkompetenz vorgeworfen wird, dann fängt der innerliche Clown schon an zu sabbern und wenn man ihn lässt, dann wird er umgehend eine Antwort verfassen, in der Worte wie *Rindvieh*, *kreuzweise* und *zum Teufel scheren* vorkommen. Darum hat es sich bewährt, in solchen Situationen eine Nacht mit der Antwort zu warten. In der Regel hat bis dahin der seriöse Herr im dunklen Anzug das Ruder übernommen (er ist nun mal nicht der Schnellste) und kümmert sich um die Sache mit dem Antwortschreiben. Da steht dann unter Umständen zwar sinngemäß genau das Gleiche, aber eben mit anderen Worten. Lange Zeit wurde der seriöse Herr im dunklen Anzug über den grünen Klee gelobt, die Ratio, die Selbstbeherrschung, die Vernunft.

Plato, der griechische Philosoph, hielt Gefühle für eine Krankheit, der nur mit dem Verstand beizukommen sei, und wäre es nach den Stoikern gegangen, dann hätten sie die gesamte Gefühlswelt vermutlich direkt abgeschafft. Ihrer Meinung nach konnte nur ein selbstbeherrschter Mensch die Dinge sehen, wie sie tatsächlich sind, und dementsprechend handeln. Jemand, der von Impulsen und Gefühlen beherrscht wird, ist hingegen ein triebgesteuerter Vollidiot. Gut, sie sagten nicht Vollidiot, aber das meinten sie. Den spitzohrigen Mister Spock von der Enterprise hätten die Stoiker geliebt – jemand, der völlig frei von Emotionen analysiert und stets die richtigen Entscheidungen trifft. Die Idee, dass wir das wilde Tier in uns kontrollieren müssen, hat sich lange gehalten und es hat auch lange Sinn gemacht. Wenn wir einen Blick in die Vergangenheit werfen, in die Zeit, als es noch deutlich rauer zuging – und mit rauen Zeiten meine ich die, in denen Hexen verbrannt wurden und öffentliche Hinrichtungen ein geeignetes Sonntagsnachmittagsspektakel für die ganze Familie waren –, dann wird klar: Die Idee, Vernunft und rationales Denken einzuführen, war nicht die schlechteste.

Nachdem das mit dem Hexenverbrennen und dem Vierteilen aufgehört hatte und man nicht mehr befürchten musste, wegen irgendwas Nase oder Ohren abgehackt zu bekommen, wurde das Leben deutlich angenehmer. Es kam die Aufklärung und es wurden so grandiose Dinge wie Menschenrechte, Autos und Digitaluhren erfunden. Das Leben wurde sogar so angenehm, dass jede Menge Mittelschichtkinder auf die Idee kamen, sie hätten sich lange genug dem seriösen Herrn im dunklen Anzug untergeordnet und es wäre an der Zeit, ihre Gefühle zu befreien. Wenn man nichts anderes gewöhnt ist, als ebenjene zu unterdrücken, dann muss sich das wie ein Erweckungserlebnis angefühlt haben – all die Urschrei-Seminare, Meditations-, Energie- und Channelingkurse, die psychedelischen Drogen (oft LSD) und all die anderen Möglichkeiten, ›Zugang‹ zu den eigenen Gefühlen zu bekommen, kommen von dort. Kurz: Der innere Clown lief Amok und die Leute fanden es Wahnsinn. Meine Mutter auch, die war eine von denen. Aus dieser Zeit stammt ein Spruch, der immer auf unseren Kühlschrank gepinnt war:

Jemandem zu sagen,
was du fühlst, stimmt nicht,
ist Seelenmord.

Was natürlich totaler Quatsch ist. Wir fühlen die ganze Zeit irgendwelches hanebüchenes Zeug, und manches beruht auf einem dämlichen Irrtum oder wird falsch interpretiert. Ein Gefühl ist noch lange kein Grund, im Recht zu sein …
Sie: »Du liebst mich nicht! Ich fühle es!«
Er: »Warum denn? Ich tue doch alles für dich!«
Sie: »Aber ich fühle es nun mal!«
Er: verdreht die Augen.

Dass Gefühle nicht die ultimative Wahrheit bedeuten und man mit seinen Gefühlen auch mal falschliegen kann, wird niemand mehr bestreiten. Die Tendenz der Ausgewogenheit fand zu der Überzeugung zurück, dass weder das ausschließliche Favorisieren von Gefühlen noch von Ratio der ganz große Wurf ist, sondern dass es die Zusammenarbeit von Clown und Verstand braucht, um einigermaßen gesund durchs Leben zu kommen. Heißt: Der dunkle Herr im Anzug trifft die Entscheidungen und passt auf, dass der Clown uns mit seinen Ideen nicht in Teufels Küche bringt. Das klingt vernünftig, logisch und ist außerdem vollkommen falsch.

Es ist nämlich genau andersherum.

3.
ELLIOT

Sie haben ganz richtig gelesen, es ist genau andersherum. In unserem täglichen Leben ist es der Clown, der die Entscheidungen fällt. Herausgefunden hat das António Damásio, ein Professor für Neurologie und Psychologie und die Nummer eins der Top of the Tops der Hirnforscher.

Bei dieser spektakulären Herausfindung (und wir werden noch sehen, was daran so spektakulär ist) half ihm ein Patient, den Damásio ›Elliot‹ nennt. Elliot ist ein stinknormaler, liebenswürdiger, intelligenter Mann mit einem guten Job. Verheiratet, zwei Kinder, ein angesehener Kollege und liebender Ehemann. Es läuft bei Elliot – bis die Kopfschmerzen anfangen. Elliots Kopfschmerzen verwandeln sich in etwas Unerträgliches, das ihn schließlich daran hindert, sein normales Leben zu führen, und es stellt sich heraus: Elliot hat einen Hirntumor, ungefähr so groß wie eine kleine Mandarine, im sogenannten präfrontalen Kortex, also direkt hinter seiner Stirn. Aber, gute Nachrichten, der Tumor kann komplett entfernt werden, Elliot übersteht die Operation ohne größere Komplikationen, er erholt sich schnell und kann in sein normales Leben zurückkehren. Aber irgendwie funktioniert sein normales Leben nicht mehr – beziehungsweise ist es Elliot, der nicht mehr funktioniert. Normal, werden Sie vielleicht sagen, schließlich hat man dem guten Mann den Kopf geöffnet und einen beeindruckend großen Teil seines Gehirns entfernt. Das Komische ist aber: Elliot ist nach der Operation genauso intelligent und auf der Höhe wie vor der Operation. Sein Erinnerungsvermögen ist um keinen Deut eingeschränkt, er kann überzeugend argumentieren und ist sich seiner Situation vollkommen bewusst. Trotzdem geht sein Leben, und zwar jedes Einzelteil, nach und nach in die Brüche.

In seinem Job bringt er seine Arbeiten nicht zu Ende oder sie sind fehlerhaft, und auch wenn eine Zeit lang alle Rücksicht nehmen (schließlich hat man dem guten Mann den Kopf geöffnet und einen beeindruckend großen Teil seines Gehirns entfernt), wird ihm schließlich gekündigt. Er lässt sich auf fragwürdige Finanzgeschäfte mit einem dubiosen Partner ein, geht prompt bankrott und zu Hause läuft es kein Stück besser. Er tut die ganzen Liebender-Ehemann-Dinge nicht mehr und versagt als Vater auf ganzer Linie bis, Überraschung, seine Frau die Koffer und die Kinder packt und ihn verlässt.

Er heiratet wieder, eine Frau, die ebenso fragwürdig ist wie zuvor seine Finanzgeschäfte, vor der ihn seine Geschwister eindringlich warnen und die sich nach einem Jahr mit seinem verbleibenden Hab und Gut aus dem Staub macht. Elliot zieht schließlich bei seinem Bruder ein und beantragt Invalidenrente – die er nicht bekommt. Alle Ärzte, die ihn begutachten und entscheiden sollen, ob Elliot aufgrund seiner Operation behindert ist, kommen zu dem Schluss: Elliot ist ein qualifizierter, intelligenter und körperlich gesunder Mann. (Der sich jetzt mal bitte am Riemen reißen und in die Arbeitswelt zurückkehren soll.) Diese Diagnosen lassen ihn entweder als faul oder als Betrüger dastehen. Elliots Bruder findet sich damit nicht ab und insistiert, dass etwas nicht stimmt, dass bei der Operation mehr als dieser Tumor aus Elliot entfernt wurde, nämlich Elliot selbst. Ungefähr zu diesem Zeitpunkt, im Jahr 1982, kommt Elliot zu António Damásio, der ihn ebenfalls auf Herz und Nieren untersucht. Elliot besteht alle Intelligenztests, wie schon zuvor, mit Bravour. Sein Lang- und Kurzzeitgedächtnis sind vollkommen in Ordnung, sein mathematisches Verständnis top, seine sprachliche Gewandtheit und seine Auffassungsgabe normal – kurz, Elliot ist nicht doof. Aber er verhält sich so. Damásio sieht sich daraufhin an, was genau Elliot Probleme bereitet, und stellt fest, dass Elliot in der Arbeit einen ganzen Nachmittag lang damit verbringen kann, sich zu überlegen, wie er seine Dokumente ordnen soll. Nach Eingangsdatum? Oder nach Dringlichkeit? Oder vielleicht nach der Größe des Dokuments oder doch nach einem ganz anderen System? Elliot kann sich nicht entscheiden – nicht, wie er seine Dokumente ordnen soll, ob etwas verkauft oder eingekauft werden soll, obwohl er alle Möglichkeiten ohne Probleme aufzählen kann.

Damásio berichtet, dass Elliot minutenlang brauchte, um sich zu entscheiden, welchen Stift er zum Ausfüllen seiner Fragebögen verwenden sollte, über eine halbe Stunde, um den nächsten Termin auszumachen – und einige Stunden, um sich zu entscheiden, wo er zum Mittagessen hingehen wollte. Es war ihm fast unmöglich, Pläne zu machen, sei es für die nächsten Stunden, Monate oder Jahre. Vor allem aber schien es so, als würde Elliot das alles nicht das Geringste ausmachen.

»Elliot erzählte die Tragödie seines Lebens mit einer Distanziertheit, die dem Ausmaß der Ereignisse nicht angemessen war«, schreibt Damásio, und weiter: »Er war immer kontrolliert und beschrieb die Szenen als leidenschaftsloser, unbeteiligter Zuschauer. Zu keinem Zeitpunkt spürte er sein eigenes Leiden, obwohl er selbst der Protagonist war.«[1] Damásio kam es so vor, als ob ihm die Geschichte seines Patienten mehr zusetzte als diesem selbst.

Damásio fiel es daraufhin wie Schuppen aus den Haaren: Alle Tests, die Elliot mit Bravour bestanden hatte, waren dazu da gewesen, seine kognitiven Fähigkeiten zu messen, sein Denken. Elliot konnte hervorragend denken. Was Elliot fehlte, war die Fähigkeit zu fühlen.

Also machte Damásio einen anderen Test mit Elliot, einen, bei dem es ums Fühlen ging: Er legte ihm Fotografien vor, die normalerweise starke Emotionen auslösen. Bilder von verbrannten Menschen, schrecklichen Unfällen, Kriegsschauplätzen und verhungernden Kindern – kurz: alles, was Sie und mich innerhalb

---

[1] Frei übersetzt nach: Jeffrey, Renée (Australian National University, Canberra): *Reason and Emotion in International Ethics*, Cambridge University Press: 2014, Kapitel 6: »Moral judgment after neuroscience« (S. 157–192).

kürzester Zeit in Tränen ausbrechen lässt. Elliot hingegen betrachtete das alles und fühlte – nichts. Gleichzeitig war ihm vollkommen bewusst, dass die Bilder ihn eigentlich zutiefst verstören müssten – und das auch getan hätten, damals, in seinem früheren Leben. Aber jetzt waren sie ihm einfach nur egal. Genauso egal wie sein verlorener Job, seine Frau, sogar seine Kinder. Für Elliot war der Verlust seiner Familie so bewegend wie das Ausräumen der Spülmaschine. Elliot war sozusagen zu Mr. Spock geworden (bis auf die Ohren).

Das ist zwar menschlich gesehen für den Mann eine schier unvorstellbare Katastrophe (die ihm egal ist), aber wenn wir von der Idee ausgehen, dass unser Clown von unserem Verstand im Zaum gehalten werden muss und wir unsere Entscheidungen mit dem Verstand fällen – warum konnte Elliot dann keine vernünftigen Entscheidungen mehr treffen? Wenn Elliot schon keine Gefühle im Weg standen, die sein rationales Denken beeinflussten, dann müsste er doch zumindest zu einem kühlen Strategen geworden sein! Warum brachte er es in der Arbeit nicht fertig, sich für ein Ordnungssystem zu entscheiden? Er war doch trotz allem ein intelligenter Kerl, warum konnte er dann nicht rational zu einer Lösung für eine Aufgabe, so klein sie auch sein mochte, gelangen? Man möchte doch meinen, dass jemand, der nicht von seinen Emotionen abgelenkt wird, umso klarer und analytischer vorgeht! Aber das Verstummen des Clowns in seinem Hirn hatte nicht dazu geführt, dass Elliots Verstand zu einem weisen Alleinherrscher wurde. Es hatte sein Leben zerstört. Und es war ihm vollkommen egal.

Dass es bei einer Schädigung dieses Hirnareals (dem präfrontalen Kortex) zu Verhaltensänderung kommen kann, ist in der Psychologie seit Langem bekannt – noch mehr: Durch eine gezielte Schädigung versuchte man diese Verhaltensänderung bewusst herbeizuführen. Ab 1936 wurde in der Psychochirurgie eine Methode weltweit populär, die sich Lobotomie nennt und Stoff für jede Menge Horrorfilme liefert (zartbesaitete Gemüter mögen diese Zeilen überspringen):

Psychisch Kranken wurde dabei, oft gegen ihren Willen, oberhalb des Augapfels ein langes, spitzes Werkzeug, ›Eispickel‹ genannt, eingeführt (ja, genau, ins Auge) und die dort sehr dünne Schädeldecke durchstoßen. Dann bohrte man nach Ermessen noch ein bisschen weiter und bewegte den Eispickel hin und her, um das Gewebe zu zerstören. Ach so: Nein, es brauchte für den Eingriff keine Narkose, eine geringe lokale Betäubung reichte aus. (Das war übrigens die ›verbesserte‹ Methode. Ursprünglich bohrte man den Patienten links und rechts oberhalb des Ohres Löcher in den Schädel und arbeitet sich mit einem länglichen Messer zum präfrontalen Kortex vor, also hinter die Stirn, und stocherte dort ein bisschen herum.)

Diese Methode machte viele psychisch Kranke zu lebenslangen Pflegefällen, verhalf den weltweit geschätzt ungefähr einer Million Patienten zu schwersten Persönlichkeitsstörungen und seinem Erfinder im Jahr 1949 zum Nobelpreis. Herzlichen Glückwunsch. Bis in die 1960er- und 1970er-Jahre gab es Ärzte und Psychiater, die den Eingriff als geeignete Maßnahme zur Behandlung renitenter Gefängnisinsassen, rebellischer Jugendlicher und zur Vermeidung von Rassenunruhen empfahlen. Besonders pervers ist, dass sich die Behandlung im Nachhinein als so gut wie wirkungslos herausgestellt hat. Bis heute existieren keine Belege zur Wirksamkeit der Methode. Und mehr: Die Methode verwandelte die Menschen in so etwas wie Zombies. Es ging zwar dadurch vielleicht eine Angststörung weg, aber eben alles andere auch. Selbst einer der begeistertsten Verfechter der Lobotomie, der US- amerikanische Psychiater Walter Freeman, sagte erschreckend offen: »*Die Psychochirurgie erlangt ihre Erfolge dadurch, dass sie die Phantasie zerschmettert, Gefühle abstumpft, abstraktes Denken vernichtet und ein roboterähnliches, kontrollierbares Individuum schafft.*«[2] Krass, oder? Das alles ist mit einer Schädigung des Frontalhirns zu haben. Des Weiteren sind in diesem Symptomkomplex gratis unter anderem folgende Symptome zu haben: motorische Verlangsamung, Teilnahmslosigkeit, Gleichgültigkeit, Verlust von Initiative und sexuellem Verlangen, Vernachlässigung des äußeren Erscheinungsbilds, Entschlussunfähigkeit und Müdigkeit.[3]

Bevor jetzt die eine oder andere sagt:
»Moment! Das kenn ich! Das muss jemand bei meinem Mann auch gemacht haben!« Das ist unwahrscheinlich. Die Methode kam in Verruf und wird nicht mehr angewendet.

Das Besondere an Damásios Entdeckung war also nicht die Verhaltensänderung seines Elliots, sondern die Tatsache, dass es an-

---

2 Breggin, P. R.: *Elektroschock ist keine Therapie*. Urban & Schwarzenberg: 1989, S. 175.
3 Vgl. https://de.wikipedia.org/wiki/Frontalhirnsyndrom (abgerufen am 09.04.2019).

scheinend der Gefühle bedarf, um Entscheidungen zu treffen. Um diese Theorie zu überprüfen, erfand Damásio einen Test, den er auch mit Leuten ohne Loch im Kopf durchführen konnte:
Er legte vier Stapel mit Karten nebeneinander, alle verdeckt.

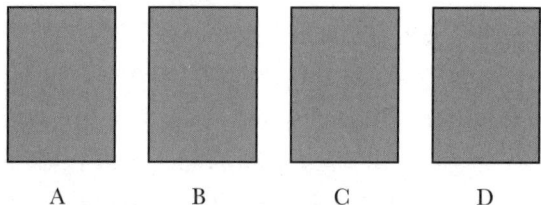

Die Probanden bekamen 2 000 Dollar Spielgeld und sollten möglichst viel Gewinn machen, indem sie von den Stapeln ihrer Wahl Karten zogen. Auf den verdeckten Karten war entweder eine Gewinnsumme oder eine Verlustsumme gedruckt. Die Karten waren nun dahingehend geordnet, dass auf den Karten der Stapel A und B deutlich höhere Gewinnsummen gedruckt waren (100 Dollar) als auf den beiden rechten Stapeln (50 Dollar). Allerdings waren links auch die Verluste höher: Durchschnittlich alle zehn Karten drohte auf den Stapeln A und B ein Verlust von 1 250 Dollar, auf den Stapeln C und D, mit dem geringeren Gewinn, ein Verlust von nur 250 Dollar.

Auf einen längeren Zeitraum gesehen ist es also für die Spieler vorteilhafter, von den Stapeln zu ziehen, die geringere Gewinne versprechen (C und D), dafür aber auch nicht die riesigen Verluste. Die meisten Spieler durchschauten nach 40 bis 50 Durchgängen, wie der Hase läuft, und konnten auf Nachfrage die Regeln erklären.

Das Erstaunliche daran ist, dass die Spieler schon viel früher eine Art Ahnung entwickelten – die Damásio messen konnte. Er hatte an den Fingerspitzen der Spieler Elektroden angebracht, um deren Hautleitfähigkeit zu messen. Wird man nervös, ist diese erhöht – wegen der geringen, aber vorhandenen Schweißbildung (das, was auch bei einem Lügendetektortest gemessen wird). Damásio bemerkte so eine Stressreaktion der Teilnehmer bereits nach dem zehnten Mal Ziehen, wenn sie von den beiden ›gefährlicheren‹ Stapeln zogen, und dass die Spieler die beiden günstigeren Stapel bevorzugten. Fragte man allerdings nach dem Warum, konnten sie ihre Entscheidung noch nicht begründen. Sie hatten da eben so ein Gefühl.

Interessanterweise schneiden Menschen mit einer Schädigung der Gehirnregion, wie sie auch Elliot hatte, deutlich schlechter ab. Ihre Schweißdrüsenaktivität steigt vor dem Ziehen von den ›gefährlichen‹ Stapeln nicht an und sie entscheiden sich, auch wenn sie das Spiel durchschaut haben, deutlich öfter für den nachteiligen Stapel. Sie können aus Konsequenzen nicht lernen.

Damásio folgerte daraus, dass sich Erfahrungen (wie die großen Verluste in den ›gefährlichen‹ Stapeln) als eine Art Markierung im Gedächtnis speichern und wir, sobald wir eine ähnliche Erfahrung machen, unbewusst auf diese Emotion zurückgreifen. Wie eine Abkürzung für schnelle Entscheidungen. Damásio nennt das ›somatische Marker‹.[4]

---

[4] https://de.wikipedia.org/wiki/António_Damásio (abgerufen am 08.02.2019).

Warum das so funktioniert und im täglichen Leben mit seinen permanenten Entscheidungen sogar notwendig ist, wird nachvollziehbar, wenn wir uns ansehen, wie lange wir für eine bewusste und für eine unbewusste Entscheidung brauchen: Das Bewusstsein ›schafft‹ ungefähr 50 Informationseinheiten (Bits) pro Sekunde. Das klingt großartig, aber: das Unbewusste wird in der gleichen Zeit mit Millionen von Bits fertig. Das heißt, in jeder Sekunde verarbeiten unsere Sinne mehrere Millionen Bits – und nur ein Bruchteil davon dringt ins Bewusstsein. Der Hirnforscher Gerhard Roth schätzt, dass uns weniger als 0,1 Prozent dessen, was das Gehirn tut, bewusst wird.[5] 0,1 Prozent! Der ganze Rest wird unbewusst erledigt, indem das Gehirn mit einem Schlag auf unseren gesammelten Erfahrungsschatz zurückgreift.

Um so schnell arbeiten zu können und nicht wegen jedem Mist das Bewusstsein belästigen zu müssen, arbeitet das Unbewusste etwas – schwammig. Es generalisiert, schert über einen Kamm und hält sich nicht mit dem Überprüfen seiner Emotionen auf. Es sucht lediglich nach Mustern und versucht solche zu schaffen, um die Welt schnell zu begreifen.

Während das Bewusstsein ein Problem wie ein Scheinwerfer beleuchtet und alles andere im Hintergrund verschwinden lässt, leuchtet das Unbewusste schwächer, aber in alle Richtungen. Das Unbewusste ist somit eine totale Niete, wenn es um präzise Aufgaben geht (Mathe-Hausaufgaben zum Beispiel oder die Antwort auf die Frage *Kann ich mir die Hypothek leisten?*), aber triumphiert in

---

5   Kast, Bas: *Ich fühle, also bin ich*, Zeit Wissen 2006.

komplexen Situationen wie: irgendwie-kommt-mir-das-komisch-vor oder irgendwie-fühlt-sich-das-richtig-an.

Dass unser Clown permanent vor sich hin entscheidet, ist also notwendig (und völlig normal), auch wenn wir davon nichts mitbekommen und die Tatsache, dass wir nichts davon mitbekommen, ein wenig unangenehm ist. Zu Recht, denn das Wissen darum wird profimäßig ausgenutzt von allen und jedem, der sich zum Beispiel mit Verkauf beschäftigt. Die Werbung hat sich darauf spezialisiert, unseren inneren Clown anzusprechen, sie weiß ganz genau, dass es viel lukrativer ist, wenn wir für eine Marke oder ein Produkt ein gutes Gefühl hegen, als wenn sie uns mit Fakten zu überzeugen versucht.

Es hat sich zum Beispiel auch gezeigt, dass Testpersonen mehr Geld spenden, wenn der Sammler ein Namensschildchen trägt – auf dem just zufällig der gleiche Vorname prangt wie der der Testperson. Auf die Frage nach dem Warum haben die großzügigen Spender aber keine Antwort. Irgendwie war Ihnen der Sammler sympathisch.

Dass wir mit dem Gefühl entscheiden und nicht mit dem Verstand (also meistens), erklärt auch, warum die meisten Ratgeberbücher nicht funktionieren: Sie ändern nicht unser Gefühl.

Und wenn der Verstand noch hundertmal beschließt, ab jetzt regelmäßig Sport zu treiben – solange Ihr Clown mit verschränkten Armen auf der Couch sitzt und bockt, ist es ein enormer Kraftaufwand, ihn ins Fitnessstudio zu schleifen. Das halten Sie nicht lange durch. Es ist immer der Clown, der uns dazu bringt,

...Aktion zu treten, ohne ihn wird es elend. Nicht, dass Sie denken, ich will den Narren auf einen Thron heben – im Gegenteil. Der Clown überprüft ja nicht, ob er richtigliegt – das müssen wir beziehungsweise der Herr mit dem seriösen Anzug aktiv übernehmen.

Habe ich Sie lange genug mit Fakten gelangweilt? Braucht Ihr innerer Clown ein bisschen Spiel und Spaß, damit Sie weiterlesen? Ich habe da was Tolles, wo er mitmachen kann. Auf der Website www.projectimplicit.net können Sie einige Ansichten, Meinungen und Weltbilder Ihres inneren Clowns kennenlernen und nein – Sie kennen sie noch nicht, glauben Sie mir. Die Seite wurde von der Harvard-Universität initiiert und stellt eine Testmethode vor, mit der Sie erfahren können, was Sie denken, ohne es zu wissen. Dafür wurden einfache Tests entwickelt, sogenannte implizierte Assoziationstests, und mit der Sprachauswahl sind die auch auf Deutsch zu machen. Ich habe ein paar gemacht und es hat sich herausgestellt, dass mein innerer Clown sexistisch und rassistisch ist, dass er dünne Leute dicken vorzieht und Wessis gegenüber Ossis. Er präferiert außerdem heterosexuelle Paare gegenüber homosexuellen Paaren und hält Männer beruflich für kompetenter als Frauen. Bevor Sie jetzt dieses Buch angewidert in die Ecke werfen: Ich bin natürlich keine Rassistin. Ich bin auch keine Sexistin, ich traue Frauen genauso viel zu wie Männern (wenn nicht mehr, aber das am Rande) und habe überhaupt nichts gegen Dicke (oder für Dünne). Wessis sind mir wie Ossis und Homosexuelle genauso nah am Herzen wie Heterose-

3. Elliot

xuelle. Hauptsache, kein Arschloch, ist mein Anspruch an alle Geschlechter, Rassen, Nationalitäten, Gewichtsklassen und sexuelle Orientierungen.

Was dieser Test am Beispiel der Dicken und Dünnen in mehreren Schritten macht, ist Folgendes: Sie müssen zum Beispiel, verkürzt erklärt, negative und positive Wörter und Fotos von dicken und dünnen Menschen in Kategorien einordnen.

Zuerst heißen die Kategorien ›dick/gut‹ und ›dünn/schlecht‹. Sowohl die aufploppenden Wörter, negative wie positive, als auch Fotos von dicken und dünnen Leuten müssen Sie nun in eine der beiden Kategorien ordnen. Also, wenn zum Beispiel das Wort ›Qual‹ auftaucht, muss es in die Kategorie ›dünn/schlecht‹, das Foto eines Dicken muss in die Kategorie ›dick/gut‹.

Im Anschluss ploppen die gleichen positiven wie negativen Wörter auf und die gleichen Fotos von Dicken und Dünnen, aber die Kategorien, in die sie einteilen müssen, heißen nun ›dünn/gut‹ und ›dick/schlecht‹.

Das Vertrackte an dem Test ist, dass Sie die Zuordnungen in die Kategorien so schnell machen müssen wie möglich, gemessen wird nämlich die Zeit, die Sie für die Zuordnung brauchen. Sie haben also keine Zeit zum Nachdenken – und intuitiv machen Sie automatisch die Zuordnung schneller, die Ihrem Vorurteil entspricht. Sie klicken also, wenn das Wort ›Liebe‹ erscheint, viel schneller auf die Kategorie ›gut/dünn‹ als im Durchgang zuvor auf die ebenfalls richtige Kategorie ›gut/dick‹.

Denn: Wenn wir eine gedankliche Verbindung herstellen sollen zwischen einem Paar, das gegen die Ansichten unseres inneren Clowns verstößt, wie zum Beispiel ›dick‹ und ›glücklich‹, brauchen wir länger, weil das Bewusstsein, diese alte Trantüte, ins Spiel kommt. Je länger wir für die Zuordnung solcher scheinbar widersprüchlichen Paare brauchen, desto größer das Vorurteil.

Was soll ich sagen? Ich hab's verkackt, komplett, in allen Tests. Damit ich mich nicht ganz schlecht fühle, kann ich mich darauf hinausreden, dass es dabei ja darum geht, was für einen selbst ›normal‹ ist. Sind Sie unter Menschen mit weißer Hautfarbe aus dem gleichen Kulturkreis aufgewachsen? Waren in Ihrer Welt die Autoritätspersonen weiße Männer? Welche Hautfarbe hatten die Menschen, die in großen, schönen Häusern wohnten und in Kinderbüchern auftauchten?

Voilà! Dann kommt einem eben jemand mit anderer Hautfarbe, anderer Sprache komisch vor. Am Ende findet der nicht mal die gleichen Sachen witzig, weiß nicht, was in den 80ern Mode war, und hat ganz andere Gesten drauf als Sie und Ihre Lieben.

Das geht Ihnen nicht so? Herzlichen Glückwunsch – Sie sind in der Minderheit. Am Ende des Assoziationstests kann man das durchschnittliche Ergebnis der Teilnehmer im Vergleich zum eigenen Ergebnis sehen. Wenn es etwa um das Thema Rassismus geht, sind die Menschen in der Regel schneller, wenn sie farbigen Gesichtern negative Begriffe zuordnen sollen. In der deutschen Ausgabe des Internettests sind es 82 Prozent.

Vielleicht war das ja in grauer Vorzeit auch mal ein Vorteil in der Evolution: Um die eigenen Gene nach vorn zu bringen und die Sippe zu stärken, ist jeder, der nicht von deiner Sippe ist, suspekt. Aber genau das ist der Moment, wo einem der seriöse Herr im schwarzen Anzug kurz auf den Hinterkopf klapsen muss, um einen daran zu erinnern: »Ähmm – zur Erinnerung: Du bist gar kein Neandertaler.« Das ist es, was man dann Zivilisation nennt.

Denn das ist die gute Nachricht: dass wir dem inneren Clown ja nicht ausgeliefert sind. Man könnte sagen, der Clown ist in diesem Beispiel die Natur und der seriöse Herr ist die Kultur.

Aber das ist natürlich anstrengend – viel anstrengender, als dem Clown freien Lauf zu lassen.

In einer Studie konnte sogar nachgewiesen werden, dass es Probanden leichter fällt, ihre Vorurteile im Zaum zu halten, wenn Sie diese Anstrengung in Form eines erhöhten Blutzuckerverbrauchs ihres Gehirns ausgleichen können. Bekamen die Testpersonen vor der Befragung (in dem Fall zum Thema Homosexualität) Zucker in Form von Limonade verabreicht, fiel es ihnen leichter, ihre impulsiven Vorurteile zu überprüfen und zu korrigieren.[6]

Auf den Clown zu hören, ist bequem.

Deswegen appellieren populistische Politiker auch immer nur an ihn (und nennen ihn gerne ›gesunden Menschenverstand‹), im Sinne von ›jetzt reicht es mal mit Zusammenreißen und Nachdenken‹ und ›das wird man ja noch sagen dürfen‹. Das fühlt sich

---

[6] T. Gailliot, Matthew; Peruche, Michelle; Plant, Ashby; Baumeister, Roy: »*Stereotypes and Prejudice in the Blood: Sucrose Drinks Reduce Prejudice and Stereotyping*«. *Journal of Experimental Social Psychology* 45 (1) (2009). S. 288ff.

dann so gut an! So – richtig. Deshalb brauchen sie auch keine Fakten, denn es geht nicht um Gedachtes, nur um Gefühle, und deshalb kommt man dagegen mit Fakten auch nicht an. Also, genauso wenig, wie Sie den Clown mit Argumenten dazu bringen, freiwillig ins Fitnessstudio zu spurten, gelingt es Ihnen, einem Rassisten mit Argumenten seine Ressentiments zu nehmen. Vielleicht würde mehr Limonade helfen.

4.
WENN DER CLOWN IRRT – BESCHEIDENHEIT

Jetzt, wo wir wissen, wie mau unser Hirn so funktioniert ... was machen wir nun mit diesen tollen Erkenntnissen? Außer bei Stress Limo zu trinken? Was entscheidet unser Clown, ohne dass wir es bemerken, und was, wenn er falsch entscheidet? Schließlich ist nicht nur Rassismus offenbar tiefer in uns verankert, als uns bewusst und lieb ist. Auch bestimmte Grundsätze, Überzeugungen und Verhaltensweisen sitzen tief im Unbewussten und damit steuert der Clown unser Verhalten, wenn wir es zulassen. Höchste Zeit, ihm dabei ein bisschen auf die Finger zu schauen ...

Der Erfahrungsschatz unserer Emotionen hilft uns bei schnellen Entscheidungen, zum Großteil ohne dass wir uns über sie im Klaren sind. Wir können nicht jeden Hirnfurz überprüfen, so viel Limonade kann kein Mensch trinken, um diesen Aufwand auszugleichen – und man hat ja auch noch andere Dinge zu tun. Das System an sich ist also so weit völlig in Ordnung. Nicht in Ordnung ist es, wenn wir uns aufgrund von ein paar dahergelaufenen Emotionen aus grauer Vorzeit zu Schlüssen verleiten lassen, die falsch sind, mit denen wir nicht einverstanden sind oder die uns sogar im Weg stehen. Das können klassische Denkfehler sein, die allen Menschen gemein sind, und persönliche, die man ganz individuell auf sich selbst zugeschnitten hat.

Mein innerer Clown zum Beispiel hat sich vermutlich einen Spruch aus meinem Poesiealbum extrem zu Herzen genommen, nämlich diesen:

»*Sei wie das Veilchen im Moose, so sittsam, bescheiden und rein, nicht wie die stolze Rose, die immer bewundert will sein.*«

Auf *sittsam* und *rein* hat er gepfiffen (Gott sei Dank), aber die Sache mit der Bescheidenheit – also, auf die ist er voll abgefahren. Ich bin mir ziemlich sicher, dass es nicht allein der Spruch aus dem Poesiealbum war, der ihn dazu veranlasste, ausgerechnet Bescheidenheit zu einer erstrebenswerten Eigenschaft zu etablieren. Wesentlich wahrscheinlicher ist es, dass ich, wie viele Mädchen meiner Generation, das inhaliert habe, was gängige Erziehungspraxis war (und, seien wir ehrlich, meistens immer noch ist):

Jungs werden in ihren Kinderjahren für all das belohnt, was Unabhängigkeit fördert und Selbstständigkeit, und wenn ein kleiner Junge später mal König der Welt werden will, freut sich die Mama, denn aus dem wird vielleicht was, überspitzt gesagt.

Bei Mädchen – well. Mädchen werden öfter dafür belohnt, wenn sie sich sozial und beziehungsorientiert zeigen, freundlich sind und sich anpassen und wenn sie Königin der Welt werden wollen, dann ist das kein Vorbote auf eine glänzende Karriere, sondern im besten Fall süß, wenn nicht belustigend. Das mag dem einen oder der anderen als alter Schmu aus vergangenen Zeiten vorkommen, ist es aber nicht.

Das Lustige ist: Fragt man mich, halte ich Bescheidenheit für überhaupt keine besonders erstrebenswerte Sache. Damit meine ich nicht, dass ich Aufschneiden und Egoismus total großartig finde, aber wenn ich auf Frauen treffe, die Macht und Einfluss haben wollen, die mitreden und die stolz von ihren Erfolgen erzählen und unbeirrt danach streben, doch noch Königin der Welt zu werden, bin ich immer mordsmäßig beeindruckt.

Wissen Sie, was ich sage, wenn mich auf einer Party jemand fragt, was ich so beruflich mache?

»Ich schreibe.«

»Einen Blog?«

»Nee, Bücher ...«, und wenn mein Gegenüber dann anerkennend die Augenbrauen hochzieht, lege ich sofort nach:

»Keine Literatur! Nur so – Humor«.

Ich kriege es jedes Mal hin, dass mein Gegenüber mich irgendwann mitleidig ansieht und die Frage stellt:

»Und davon können Sie leben?«

Ich bin sonst nicht auf den Mund gefallen und leide auch nicht unter Minderwertigkeitskomplexen (also nicht mehr als der Durchschnitt), dennoch ist es mir fast unmöglich, die Wahrheit auszusprechen. Ich bin Autorin. Ich bin erfolgreiche Autorin. Ich bin die verdammt erfolgreichste Non-Fiction-Autorin im deutschsprachigen Raum. Aber wenn ich das sage, komme ich mir wie eine Hochstaplerin vor. Ich kann verflucht froh sein, dass ich für meinen Job nie Ellenbogen gebraucht habe, nie laut »Hier!« schreien musste oder selbst meine Fähigkeiten preisen, sonst stünde ich heute nämlich immer noch mit Kashi in seiner Holzhütte am Weihnachtsmarkt und würde Silberschmuck aus Bali verkaufen, während mein Hintern langsam erfriert. Mein Erfolg ist mir ein bisschen unangenehm, ja fast peinlich. Umso erstaunter bin ich immer, wenn mir Männer erzählen, was sie so beruflich machen. Die sind ja praktisch durch die Bank kurz vorm Nobelpreis.

Das erste Mal, dass ich doch laut »Hier!« geschrien habe und die Ellenbogen benutzt habe, war, als ich L. kennengelernt habe. Der hat sich nämlich auf der Party, auf der wir beide waren, aus nicht nachvollziehbaren Gründen zunächst einmal gar nicht für mich, sondern für eine ganz andere Frau interessiert. Für eine grünäugige New Yorkerin mit olivfarbener Haut und einer niedlichen Zahnlücke zwischen den Schneidezähnen (was ich ihm selbstverständlich heute noch vorwerfe). Als da mein innerer Clown sagte: »Na klar interessiert er sich für die und nicht für dich, schau dich nur an, du hast ja nicht mal eine niedliche Lücke zwischen den Schneidezähnen«, habe ich ihm zugezischt: »Halt die Fresse!«, und mit einem Blick auf L., der um die Olivfarbene herumschwänzelte: »Den will ich! Das ist meiner!«

Ich habe mich dann prompt in die Schlacht geschmissen und konnte das Ruder Gott sei Dank noch herumreißen – aber davon abgesehen gehe ich solchen Schlachten aus dem Weg, um nicht zu sagen ich vermeide sie wie der Teufel das Weihwasser. Komme ich in eine Situation, in der man »Ich! Das will ich! Das ist meins!« schreien müsste, überlege ich lieber blitzschnell, ob sich nicht irgendein Argument finden lässt, das dagegenspricht, um dann erleichtert mit den Schultern zu zucken und sagen zu können: »Ah, ein Problem! Es ist zu schwierig, dachte ich es mir doch, wie blöd.«

Genauso wenig, wie ich für mich selbst in die Bresche springe, möchte ich, dass sich andere wegen mir krummlegen – oder dass sich gar jemand Umstände macht!

Mir ist es ja schon unangenehm, wenn am Geburtstag alle freudestrahlend *Happy Birthday* singen. Da weiß ich nicht, wo ich hingucken soll, grinse dümmlich und bin froh, wenn sich die allgemeine Aufmerksamkeit wieder auf etwas anderes richtet.

Komme ich mal zu Besuch, besorgen Sie ja nicht extra Kuchen, fahren Sie nicht extra zum Bahnhof, um mich abzuholen, und falls ich über Nacht bleibe, machen Sie sich nur keine Mühe! Ich schlafe auch in der Badewanne! Ohne Decke! Es ist eine echte Zangengeburt, wenn Sie mir etwas zu Essen machen wollen:

»Worauf hast du denn Lust?«

»Och, ich esse alles!«

»Ja, aber was magst du denn gern?«

»Alles! Mach dir nur keine Umstände! Ich esse auch altes Brot! Oder nichts! Kein Problem!«

Das Blöde ist: Ich selbst hasse Gäste, die so sind. Denen kann man keine Freude machen, ohne dass man zu hören bekommt: »Das wäre doch nicht nötig gewesen!«

Freu dich doch, du Gans!, denke ich mir dann.

Also versuche ich es. Ich versuche, bei dargebotenen Kuchen, frisch bezogenen Gästebetten, mitgebrachten Blumen und Gefälligkeiten jeder Art nicht mein Gegenüber darauf hinzuweisen, dass meine klägliche Existenz dergleichen nicht verdient hat, sondern nehme an und freue mich. »Danke, das ist total reizend!«

Ob das anstrengend ist? Natürlich ist es das – aber niemand hat gesagt, es gäbe hier irgendwas für umme.

Wenigstens stehe ich mit meiner Tiefstapelei nicht alleine da – Lotta, die beste Anwältin diesseits des Mississippi, mit eigener Kanzlei und einem halben Dutzend Angestellten, nuschelt bei Fragen nach ihrem Job etwas von »Paragrafenreiterei« und »total uninteressant« und macht dabei diese leicht wegwerfende Handbewegung. Noch tiefer stapelt eigentlich nur Carmen, die arbeitet nämlich ›nur‹ halbtags, hat alleinerziehend ›nur‹ zwei Kinder zu versorgen, ›nur‹ den Haushalt an der Backe und ein permanent schlechtes Gewissen wegen all der ›nurs‹.

Die Sache mit der Bescheidenheit zieht aber viel weitere Kreise, es läuft ja letztendlich auf den Gedanken hinaus: Was steht mir zu? Was habe ich verdient? Beziehungsweise: Was habe ich nicht verdient?

Oft tut man sich ja leichter, zu sehen, wo es bei anderen Leuten hakt. ›Andere Leute‹ ist in dem Fall Anne, meine Freundin aus Kindheitstagen. Meine esoterische und trotzdem reizende, allerbeste Anne. In ihrem Fall habe ich durchaus einmal gesagt: »Das hast du nicht verdient.« Das Problem war, Anne sagte zwar auch: »Das habe ich nicht verdient«, meinte aber etwas völlig anderes. Ich bezog mich nämlich auf ihren depperten Freund, den sie in irgendeinem Erleuchtungsseminar kennengelernt hatte, der es sich bei Anne gemütlich gemacht hatte und der vor lauter Erleuchtung nicht dazu kam, sich mit den Widrigkeiten des täglichen Lebens auseinanderzusetzen. Arbeit, zum Beispiel. Er war ein Kotzbrocken vor dem Herrn und ich sage das wirklich nicht oft von jemandem. Aber das war okay, ich musste ihn ja nicht heiraten. Zugegeben, es stellt einen vor gewisse Herausforderungen, wenn die engsten Freunde sich die unmöglichsten Partner/innen aussuchen, aber gut: Hauptsache, sie sind glücklich, oder? Und genau das war das Problem: Anne war überhaupt nicht glücklich.

Zu Beginn schon, aber ziemlich bald bekam sie so einen leicht verkniffenen Zug um den Mund. Zum Beispiel, wenn ihr Freund uns erklärte, dass der Tausch ›Lebenszeit gegen Gehalt‹ echt nur was für Vollpfosten ist. Da sah sie aus, als hätte sie gerade in eine Zitrone gebissen. Ich übrigens auch, und außerdem rutschte ich noch die Platte mit dem sauteuren französischen Käse etwas weiter von ihm weg. Mit der Zeit hatte sie diesen verkniffenen Zug immer öfter und ich musste an die Worte meiner Mutter denken, wenn wir Kinder um die Wette schielten: »Pass auf, sonst bleibt's dir!«

»Pass auf, sonst bleibt er dir!«, habe ich es dann gegenüber Anne frei uminterpretiert, denn es wurde immer unerträglicher, Anne immer unglücklicher, und zu allem Übel schien sie das Ganze wie ein Gott gegebenes Los mit einem Seufzer auf sich zu nehmen.

Eines Abends platzte mir nach einem gemeinsamen Abendessen mit dem Traumpaar und noch ein paar anderen Freunden der Kragen. Zuvor hatte der Erleuchtete uns allen einen sensationellen Vorschlag gemacht: Wir könnten ihm doch, als Investition in unser Karma sozusagen, ein Retreat sponsern! Ein Retreat, falls Sie dahingehend unbeleckt sind, ist eine Auszeit vom Alltag, in entsprechend angehauchten Kreisen zum spirituellen Wachstum gedacht, zur Selbstfindung und noch zu einigen anderen Dingen, die sich alle um die eigene Person drehen. (Fällt das eigentlich noch jemandem auf? Dass, je mehr die Leute spirituell erleuchtet sein wollen, sie umso selbstzentrierter und oberflächlicher werden?) Jedenfalls: Seine Idee war, dass er für eine unbestimmte Zeit meditieren geht oder wie man eben so retreatet und wir, die Vollpfosten, kommen dafür auf. Er hätte einen Kontakt auf Hawaii, dort könnte er eine Zeit lang hin. Bis zu dem Punkt hätte ich mir noch auf die Schenkel klopfen können, aber dann stellte sich heraus, dass er diese Reise alleine unternehmen wollte, also weg von Anne, und zwar einige Monate lang, und ob er überhaupt wiederkommen wollte, war auch noch nicht raus. Anne war für ihn irgendwie so eine Art Hotel Mama, nur mit Sex. Selbst das ist natürlich völlig in Ordnung, wenn alle Beteiligten das für einen guten Deal halten, aber eine Beteiligte litt deswegen wie ein Hund, und das war Anne.

»Das hast du nicht verdient«, fand ich also, und das half überhaupt nichts, und erst, als dieser Mann einen ›Energieaustausch‹ mit einer blonden Mittzwanzigerin suchte, gab sich Anne einen Ruck und ihm den wohlverdienten Arschtritt.

Im Nachhinein stellten wir fest, dass Anne irgendwie immer davon ausging, sie müsse

- sich mehr anstrengen,
- besser aussehen,
- mehr bieten,
- mehr aushalten

als alle anderen, damit ein Mann sie überhaupt liebenswürdig findet. Denn einfach so, im ›Originalzustand‹ sozusagen, wäre dies keineswegs möglich – sagt Annes innerer Clown. Ich sage hingegen ›papperlapapp‹. Anne ist nämlich großartig. Durch und durch. Sie ist auch nicht blöd, theoretisch weiß sie auch ganz genau, dass sie natürlich nicht weniger wert ist als irgendjemand anderes, erleuchtet hin oder her. Aber wenn sie nicht höllisch aufpasst, dann steuert ihr Clown sie im Autopilot immer in altbekannte Gewässer und sie landet mit traumwandlerischer Sicherheit bei einem Idioten, der sich so verhält, als wäre Anne weniger wert als er selbst.

Damit das nicht so weitergeht, hat Anne sich verschiedene Bücher gekauft, ihren Eltern Vorhaltungen gemacht und ein Selbstliebeseminar besucht, aber das hat alles nichts geholfen. Das Einzige, was hilft, ist das Gleiche, das immer hilft: Sie muss permanent aufpassen, was ihr innerer Clown dahingehend gerade sagt – und ob das irgendeinen Sinn macht.

Damit sie in dem Moment, in dem ein Prinz zum ersten Mal pampig, unfreundlich oder laut wird, auf die Tür zeigt und sagt:

»Obacht, mein Lieber!«, anstatt stumm zu nicken und sich vorsichtshalber zu entschuldigen, denn irgendetwas wird sie schon getan haben, dass er so zu ihr ist. Ob das nicht wahnsinnig anstrengend ist? Natürlich ist es das – aber niemand hat gesagt, es gäbe hier irgendwas für umme.

Falls übrigens irgendein Buch, ein Guru oder ein Facebook-Spruch verspricht, es wäre doch ganz einfach, indem man ›einfach nur XY‹: Das stimmt nicht.

Um Anne an das Aufpassen zu erinnern, hängt ein großes Bild in ihrer Küche, es ist eine schnörkelige, gestickte Schrift, und da steht:

When you want something
you never had,
you have to do something
you never did.

Das Gute daran, wenn Sie den Aufwand betreiben und aufpassen, ist auch: Es macht froh. Es macht sogar froh, wenn Sie sich von etwas oder jemandem trennen, von dem Sie sich überhaupt nicht trennen wollen ...

In der Zeit vor L., als ich noch jung, schön und völlig unreflektiert durchs Leben stolperte, verliebte ich mich in einen, wie ich damals fand, unfassbar tollen Typen. Er sah aus wie ein junger Gott, hatte ein Motorrad und eine Gitarre und er küsste wie, wie – lassen wir das. Jedenfalls hatte er nur einen großen Fehler, und der war: Er wollte mich nicht. Also er wollte mich schon, aber eher auf eine spontane, unverbindliche Weise, die viel dem Küssen zu tun hatte und weniger mit einer gemeinsamen Zukunft. Und so versuchte ich, genau so zu sein, wie er wollte: aufmerksam, ohne zu klammern, schön, aber ganz natürlich, für ihn da, wenn er Zuspruch und Nähe suchte, und zurückhaltend, wenn er nicht als Erster anrief. Ich war witzig, immer gut aufgelegt und er beteuerte während dieser ganzen Zeit, ich wäre jemand ganz Besonderes in seinem Leben. Das ging über Monate und ich war die ganze Zeit über unglücklich. Immer in Habachtstellung, ob er wohl anruft, unglücklich, wenn er es nicht tat, und wenn er schließlich anrief, immer geistesgegenwärtig, in welcher Stimmung er gerade war und wie ich zu reagieren hatte. Irgendwann konnte ich nicht mehr – es ging mir zu lange zu schlecht – und ich rief ihn an, um das Ganze zu beenden. »Warum?«, fragte er, und ich sagte ihm, warum: weil ich es nicht verdient hatte, so behandelt zu werden, weil ich nicht mehr konnte, weil ich nicht mochte, wie ich geworden war, und vor allem, weil er die ganze Zeit gesagt hatte, ich wäre jemand ganz Besonderes, in seinem Leben. Wenn er die Menschen, die in seinem Leben einen besonderen Stellenwert haben, so behandelt, dann wollte ich keiner von ihnen sein.

Und das war der erste Abend, an dem ich beruhigt ins Bett ging. Es tat weh und ich war traurig, aber ich war das erste Mal seit Monaten wieder zufrieden mit mir. Ich hatte das Beste für mich getan und ich kam mir größer vor als zuvor. Mit angeschlagenem Herzen, aber groß. Ich hatte die Grenze gezogen, was mir zugemutet werden darf, ich war gut zu mir, und das fühlte sich ganz wunderbar an. Seien Sie nicht bescheiden. Und falls es Ihnen zu anstrengend ist und Ihr innerer Clown Ihnen einen bequemen Ausweg sucht, so etwas wie »Bescheidenheit zahlt sich irgendwann aus!« oder »Wenn du nur lange genug dies oder jenes aushältst, dann wird es auch funktionieren!« oder »Wenn du das durchstehst, wirst du dafür belohnt werden!«, dann glauben Sie ihm nicht. Es gibt keine alles ausgleichende Gerechtigkeit auf der Welt und der Clown versucht lediglich, eine niedliche kognitive Dissonanz zu lösen, die daraus besteht:

Eigentlich weiß ich, dass ich:
nicht so mit mir umspringen lassen sollte,
mehr Gehalt/Anerkennung verdiene,
aber ich kann mich nicht überwinden, dafür einzustehen.

Hatten Sie jemals das Gefühl, nicht gut genug zu sein? Nicht dünn genug, gesellig genug, organisiert genug oder erfolgreich genug zu sein? Nicht liebenswert? Haben Sie jemals das Gefühl gehabt, eine schlechte Mutter zu sein oder dass Sie es nicht verdient haben, dass sich jemand für Sie einsetzt? Alles Mist.

Einem Freund von L. geht es übrigens ganz ähnlich, es sieht nur von außen anders aus und es kommt dabei viel mehr Geld um die Ecke – der arbeitet sich nämlich dumm und dämlich. Dessen Clown sagt in enervierender Regelmäßigkeit: Nur, wenn du etwas schaffst, bist du etwas wert. Er ist ein erfolgreicher Workaholic und in dem Moment, in dem er wieder etwas mordsmäßig

Tolles geschafft hat, springt sofort eine Stimme in seinem Kopf an, die sagt:

»Schön und gut, aber wenn du WIRKLICH Zuneigung, Aufmerksamkeit und Liebe willst, dann musst du noch XY!« Das hört der Gute natürlich nicht in Worten, sondern vernimmt es als Gefühl, und weil das mit dem vielen Geld so eine großartige Sache ist, auf die er nicht verzichten will, wird das vermutlich bis zu irgendeinem Herzinfarkt, Burn-out-Syndrom oder Magengeschwür eben so weitergehen. Die Formen und Farben sind wirklich vielfältig, aber DU BIST NICHT GUT GENUG ist anscheinend ein Horn, in das der innere Clown von ziemlich vielen Leuten bläst. Blöd. Also lasst uns die Clown-Ansichten immer wieder überprüfen, er macht nämlich viel zu oft Fehler, die uns teuer zu stehen kommen.

Wenn Sie Lust haben zu überlegen, was bei Ihnen eventuell im Argen liegt, hänge ich Ihnen ein Kästchen an mit Fragen. In dem können Sie dann herumfuhrwerken, wie Sie wollen – oder nicht!

Hier ein Kasten, in dem Sie herumfuhrwerken können, wie Sie wollen:

Wo irrt Ihr Clown?
....
....
....

Welchen Spruch im Poesiealbum hat er sich eventuell zu sehr zu Herzen genommen?
....
....
....

Wie wirkt sich das auf Ihr Leben aus? Was wäre anders, wenn Sie das ändern könnten?
....
....
....

Welche Anstrengung wäre dafür nötig?
....
....
....

5.
DIE INVESTITION

Ein Clownfehler kann uns Emotionen kosten, aber auch einfach Geld. Jede Menge Fehler laufen sogar darauf hinaus und fast alle davon macht Dirk. Er hat sich spezialisiert, könnte man sagen. Dirk hat permanent tolle Geschäftsideen und alle fußen darauf, dass er irgendwo den ganz großen Reibach vermutet und dann unbedingt mitspielen will. Egal, worum es sich dabei handelt. Die letzte tolle Geschäftsidee bestand aus drei Windrädern, die Dirk aufstellen wollte. Ein ›No-Brainer‹, wie Dirk versichert, also ein Geschäft, das so offensichtlich Erfolg verspricht, dass man nicht weiter drüber nachdenken muss (was Dirk gelegen kommt, denn Nachdenken gehört nicht zu seinen Kernkompetenzen).

Der Staat subventioniert Windkraft mit 30 Milliarden jährlich, die Gewinne sind außerdem überirdisch hoch, und wer sich da jetzt nicht dranhängt, ist selber schuld. Die Rechnung von Dirk ist einfach: Eine Windradanlage kostet rund fünf Millionen Euro, jedes Jahr bringt die Anlage über eine halbe Million brutto ein – es ist sogar per Gesetz gesichert, dass der Strom über die erneuerbaren Energien (EEG) die nächsten 20 Jahre so hoch absetzbar ist. Macht zehn Millionen Euro. Dirk hat zwar keine fünf Millionen Euro Startkapital, aber bei so einem Bombengeschäft müsste ein Kredit total problemlos zu bekommen sein und irgendein Feld von einem Bauern zu pachten kann so viel auch nicht kosten ... Wird Ihnen auch schon schwummrig?

Dirk macht, auch dieses Mal, wieder den Fehler, den wir alle gerne machen, wenn es um etwas geht, das wir wollen (auch wenn es sich dabei nicht um etwas handelt, das fünf Millionen Euro kostet): Er spielt die Risikofaktoren eines solchen Unternehmens herunter und nimmt jedes Argument, das sein Unternehmen bestätigt, als weiteren Beweis dafür, dass es sich bei der Idee um die Idee des Jahrhunderts handelt. Also die Erkenntnis, dass die Investition zu Beginn sogar steuerlich absetzbar ist, lässt Dirk die Hände zusammenklatschen und »Siehst du?« sagen, während alle möglichen Unwägbarkeiten als Schwarzmalerei abgetan werden. Er hat damals schon bei den Solaranlagen nicht mitgemacht und nur alle anderen sind damit reich geworden, den Fehler macht er nicht noch mal. Wir könnten uns übrigens noch beteiligen, sagt Dirk.

Nicht, dass wir gerade Geld übrig hätten, aber ich bin tendenziell von Geschäftsideen total leicht zu überzeugen. Wenn jemand euphorisch ist, schließe ich mich dieser Euphorie einfach gerne an, das ist einer der Gründe, warum ich eine komplett wertlose Sammlung an Telekom-Aktien besitze – das war auch so ein No-Brainer von Dirk. Außerdem habe ich sein Kickstarter-Projekt unterstützt, da suchte er online nach Spenden für die grandiose Idee für eine Website, auf der Eltern für ihre Kinder Post oder Anrufe von allen gängigen Superhelden bestellen können.»In Amerika hat das einer mit dem Weihnachtsmann ange-

5. Die Investition

boten und der ist Millionär geworden!« war Dirks Argument, und schon war ich Feuer und Flamme – allerdings standen wir da ziemlich allein auf weiter Flur und es wurde leider nichts draus. Sie können sich aber noch beteiligen, wenn Sie wollen … Gott sei Dank ist L. in dieser Hinsicht deutlich objektiver und bewahrt unseren Haushalt nun vor Dirks Geschäftsideen und meiner Begeisterungsfähigkeit. Ein weiterer Clownfehler, der mit Dirks Ideen gerne Hand in Hand geht, tritt in Kraft, sobald sich die Idee als mittelgut beziehungsweise als totale Katastrophe herausstellt:

Dirk hat zum Beispiel vor einiger Zeit Geld in ein Geschäftsmodell investiert, bei dem es um den Erwerb von irgendwelchen Patentrechten ging, mit denen das ganz große Geld zu machen sei.»Stell dir vor! Wenn du einen Anteil an den Patenten für Strafzettel zum Beispiel hast! Da werden jeden Tag Millionen davon ausgestellt!« Noch bevor ich glänzende Augen bekommen konnte, hat L. in einem furchtbar langweiligen Vortrag die Risiken und die geringe Renditewahrscheinlichkeit einer solchen Investition dargelegt und ich war raus. Dirk aber blieb dabei und seitdem frisst diese Investition in regelmäßigen Abständen Dirks Geld. Immer muss noch ein Anwalt beauftragt werden, noch ein Gutachten/Dokument oder Dingsbums erstellt werden, alles dauert hundertmal länger als gedacht und so geht das dahin. Immer wieder pumpt Dirk sein sauer Erspartes in das Projekt und es sieht nicht wirklich gut aus.

Doch jedes Mal, wenn ihn jemand (L.) darauf hinweist, dass es eventuell an der Zeit wäre, die Reißleine zu ziehen, sagt Dirk: »Jetzt habe ich schon so viel investiert!«

5. Die Investition

Ein klassischer Denkfehler: Statt die Summe X in eine Nullnummer investiert zu haben, wird es in einem halben Jahr die Summe X + die Summe Y sein, und immer so fort. Es fällt schwer, sich mit dem Gedanken abzufinden, Geld verbrannt zu haben, und solange man noch daran festhält und weiter Geld hineinsteckt, fühlt es sich an, als wäre es noch nicht verloren.

Auch das würde Ihnen nie passieren? Und wie sieht es mit emotionaler Investition aus? Auch da gibt es eine Spezialistin: Ines. Die ist seit 15 Jahren verheiratet (ja, immer mit demselben Mann) und eigentlich sind die beiden schon länger an dem Punkt, wo man sagen könnte: So, das haben wir jetzt lange genug ausprobiert, es war nicht alles schlecht, aber zu großen Teilen, und jetzt ist's auch mal wieder gut.

Sagt aber keiner von beiden. Wie ihr Mann das kompensiert, weiß ich nicht (er arbeitet viel, vielleicht ist es das), aber ich weiß leider Gottes, wie Ines das macht: Sie lästert bei jeder Gelegenheit über ihn. Der Himmel weiß, ich lasse auch manchmal in vertrauter Damenrunde Dampf ab – und erzähle mir keine, sie tue das nicht. Der Himmel weiß leider auch, dass dabei manchmal das Wort »Idiot« vorkommt, und zwar dann, wenn L. etwas in meinen Augen vollkommen Idiotisches gemacht oder gesagt hat. Bei Ines ist das aber so ein steter Strom des Unbills. In ihren Augen macht ihr Mann eigentlich alles falsch und sie regt sich auch über alles auf, selbst wenn er relativ normale Dinge tut, wie atmen zum Beispiel. Irgendwann fiel es mir dann auf: Ines mag ihn einfach nicht. Sie mag nicht, was er tut, sie mag nicht, was er sagt, und wie er es sagt, das mag sie auch nicht. Und dann dieses Geatme die ganze Zeit ...!

5. Die Investition

Wenn man sie aber fragt, warum sie überhaupt noch mit ihm zusammen ist, hört man den gleichen Satz wie von Dirk: »Jetzt habe ich schon so viel investiert.« Ines hat in die Beziehung so viel Zeit und Nerven investiert und so viele Kämpfe ausgefochten, dass es ihr vorkommt, als wäre all das verschwendet gewesen, wenn sie sich trennt. »Dann war ja alles für nichts!« Die Idee ist, dass sich, frei nach dem Sprichwort ›Was lange währt, wird endlich gut‹, am Ende diese Investition irgendwie lohnen muss. Als wäre eine Beziehung etwas, das man mit steter-Tropfen-höhlt-den-Stein-artigem, endlosem Aufwand zu etwas machen kann, das als Rendite etwas Glück ausspuckt. Manchmal nützt aber aller Aufwand nichts, egal, wie sehr man sich etwas anderes wünscht. Je größer der Aufwand, desto schwerer fällt es uns, das zuzugeben und die Konsequenzen daraus zu ziehen.

Jetzt könnte man anmerken, dass der Aufwand zumindest dafür gut war, zu diesem Moment zu kommen, in dem einem klar wird: Das wird nichts mehr – aber das schafft Ines nicht. Also kommen jetzt zu der Summe X an schlechten Beziehungsjahren noch die Jahre Y dazu, und die Chancen stehen nicht schlecht, dass das noch viele werden. Vielleicht wäre es anders, wenn man die vergangenen 15 Jahre nicht als Investition ansehen würde, sondern als Versuch: Jetzt haben wir es so lange versucht, jetzt lass uns sehen, was bei dem Versuch herausgekommen ist. Und hier ist nun mal herausgekommen, dass eine Zukunft ohne den anderen die deutlich bessere Alternative ist. Also wäre. Und vielleicht sollten wir das alle ab und an machen. Die bisherige gemeinsame Zeit war ein Versuch, um herauszufinden, wie und ob es weitergehen soll. Mit dem Partner, aber auch mit Freunden. Denn sich die Zukunft versauen, nur weil die Vergangenheit auch schon schlecht war, macht überhaupt keinen Sinn.

Hier ein Kasten, in dem Sie herumfuhrwerken können, wie Sie wollen:

In welche Freundschaft, Beziehung oder Spitzenidee haben Sie schon viel investiert und es ist nichts Duftes dabei herausgekommen?
....
....
....

Wie wirkt sich das auf Ihr Leben aus? Was wäre anders, wenn Sie das ändern könnten?
....
....
....

Welche Anstrengung wäre dafür nötig?
....
....
....

6.
AUTORITÄTEN

Den nächsten Denkfehler habe ich nicht selbst gemacht, sondern von meiner Mutter vermacht bekommen (danke, Mama!). Meine Mutter ist nämlich extrem unterwürfig gegenüber Autoritäten. Diese hat sie nach ihrem ganz eigenen System gestaffelt: Prinzipiell sind die mit Uniformen höher bewertet als die ohne (Polizist sticht Hausmeister) – aber hohe Würdenträger stechen Uniformen (Königin sticht Polizist).

Allerdings gab es einen ganz ohne Uniform, der in der Autoritätenliste meiner Mutter während meiner gesamten Schullaufbahn unangefochten auf Platz eins residierte, nämlich der Klassenlehrer.

Sicherheitspersonal generell hat leichtes Spiel mit ihr und man kann froh sein, wenn sie sich vor der Sicherheitsschleuse am Flughafen in vorauseilendem Gehorsam nicht komplett entkleidet, statt nur die Schuhe auszuziehen. Man kann außerdem froh sein, dass sie nicht religiös ist, sonst hätte sie zusätzlich noch die ganzen heiligen und hochheiligen Autoritäten zu beachten, und das ist ja wahrlich kein Spaß.

Als Kind habe ich mir das auf Kinderart zu eigen gemacht und – was soll ich sagen? Es blieb mir völlig unverständlich, dass diese Pippi Langstrumpf sich derart aufführen konnte und damit durchkam! Dass ich einen komischen Umgang mit Autoritäten habe, habe ich erst mit Eintritt in die Pubertät realisiert, als sich mein Freundeskreis vermehrt Freizeitaktivitäten zuwandte, die eine direkte Konfrontation mit der Polizei mit sich brachten. Während dann auf einer Demo um mich herum alle aus voller Kehle gegen die ›Bullen‹ anbrüllten:

>»Ihr seid Schwei-ne,
>wir sind kei-ne!«,

ging ich nebenher und versuchte mit freundlichen Blicken in Richtung Bullenschweine zu vermitteln: *Sie meinen es nicht persönlich!*
    Damit ich vor Ehrfurcht zusammenzucke, ist noch nicht mal eine Uniform vonnöten. Nur ein einziges Mal machte ein Veranstalter den Fehler und stellte mich an den Einlass eines Konzerts, um die Eintrittskarten zu kontrollieren. Was soll ich sagen? Der Erste, der ankam und sagte, er müsse dringend hinter die Bühne, um dort ein paar linksdrehende Drosseln zu reparieren, und es wäre meine Schuld, wenn während der Veranstaltung das Licht nicht funktionierte, hatte leichtes Spiel mit mir. Das sprach sich anscheinend herum und so viel Drossel-Techniker wie an diesem Abend auf der Veranstaltung gab es in der ganzen Stadt nicht. Sobald irgendjemand beeindruckend genug etwas behauptet, neige ich dazu, das für bare Münze zu nehmen. Mein Clown

geht anscheinend immer davon aus, dass mein Gegenüber irgendwie im Besitz von Wissen ist, das ich nicht habe, und automatisch im Recht ist. Mit allem. Außerdem hält der Clown es auch für völlig normal und nachvollziehbar, dass sich mein Gegenüber im Angesicht meiner Wenigkeit so überlegen gibt, wie er das nun mal ist. Beschissen, was?

Extrem hilfreich in dieser Hinsicht war überraschenderweise das Kind. Nicht, dass es mich aus der Wiege heraus für mein Verhalten kritisiert hätte, aber wenn man so ein Kind mal hat, lernt man ja mitunter andere Seiten an sich kennen. Ich lernte das Muttertier kennen. Das kam anscheinend mit der Geburt mitgeliefert und ich entdeckte es, als die Krankenschwester das erste Mal den neugeborenen Wurm mitnahm, um ihm Blut abzunehmen. Sie versicherte, sie würde ihn sofort wiederbringen, aber ich trappelte in zehn Zentimetern Abstand hinter ihr her und ließ sie nicht aus den Augen. Ich weiß nicht, ob Sie schon mal dabei waren, wenn so frisch geschlüpften Babys Blut abgenommen wird, also: Es wird mit einer Nadel in die Ferse des Babys gestochert, damit da Blutstropfen rauskommen, die werden dann mit einem Glasträger aufgenommen. Das Baby schreit dabei natürlich wie am Spieß und ... was soll ich sagen? Da war es, das Muttertier. Es stand plötzlich riesig und gefährlich im Raum und es hat mich alle Kraft und Anstrengung gekostet, es zurückzuhalten, damit es der Krankenschwester nicht den Kopf abreißt und mit einem gutturalen Schrei das Baby an sich reißt.

Genau dieses Muttertier hat mir dabei geholfen, mein Auftreten gegenüber Autoritäten geradezurücken. Betreffende Autorität war ein Fahrkartenkontrolleur in der U-Bahn (keine Uniform, aber Dienstausweis – kommt also genau zwischen Hausmeister und Polizist). Im Gegensatz zu einigen Herrschaften, die nie eine Fahrkarte lösen, und sehr vielen, die nur manchmal keine Fahrkarte lösen, kaufe ich, Überraschung, IMMER eine. Ich halte nämlich nervlich die Spannung nicht aus, ohne gültige Karte in der Metro zu sitzen und jeden zusteigenden Fahrgast zu mustern, ob das jetzt ein Kontrolleur sein könnte. Gemäß dem Gesetz von Murphy werde ich mit meiner gültigen Karte in der Tasche auch nie kontrolliert. Nie, nie, nie. Sie kommen sicher drauf, was jetzt passiert: An dem einzigen Tag, an dem ich kein Kleingeld einstecken habe, der Automat keinen Schein annimmt und ich meine Kreditkarte zu Hause gelassen habe und extrem angespannt mitsamt dem Kinderwagen in der Metro stehe, tönt es aus der anderen Ecke des Waggons: »Fahrscheinkontrolle, Ihre Fahrkarten bitte!« Also so klang es für meine Mitreisenden, für mich klang es in etwa so:

Die Fahrkarten, ihr Armleuchter!!
Und zwar ein bisschen dalli!

»Das war's, ich bin tot«, erschien eine Schrift in meinem Kopf. Ich fing sofort an, Angstschweiß zu produzieren, hielt mich am Kinderwagen fest und ging im Kopf eine Liste mit Leuten durch, um zu entscheiden, wen ich mit dem einzigen erlaubten Anruf aus dem Knast benachrichtigen sollte. Kurz schaltete sich der Verstand ein: »Eh – Entschuldigung, dass ich störe«, meldete er sich und wies darauf hin, dass man seines Wissens nach nicht wegen einer fehlenden Fahrkarte in den Knast wanderte – zumindest nicht so schnell. Ihm zufolge musste man eine Strafe zahlen, und das war's. Der Verstand brachte mich also langsam wieder runter und es graute mir nicht mehr so sehr vor den Konsequenzen, dafür mehr vor der Peinlichkeit. Ich hoffte auf einen freundlichen älteren Herrn, der ohne große Worte meinen Strafzettel ausfüllen würde, dem Baby zulächelte und dann weiterschlurfte. Was ich bekam, war der Kontrolleur des Grauens. Ein unfreundlicher, jüngerer Typ mit Schiebermütze, Oberlippenbart und diesem selbstgerechten Zug um den Mund, verursacht von der tiefen Befriedigung, an ein kleines bisschen Macht gekommen zu sein.

»Ich habe keine Fahrkarte, sorry«, lächelte ich ihn so nett ich konnte an, als er mit hochgezogenen Augenbrauen vor mir stehen blieb. »So, so«, sagte er und wurde dabei noch mal einen halben Meter größer. Mit großer Geste packte er aus seiner Tasche Block und Stift aus und währenddessen schob er, ohne mich anzusehen, hinterher: »Schwarzfahren lohnt sich nicht – Ihre Personalien bitte!«

Ich gab ihm meinen Personalausweis und schob hinterher: »Ich wollte gar nicht schwarzfahren, ich fahre nie schwarz! Es war nur ...«, und da sah der Typ von seinem Block auf und sagte von oben herab: »Es war sicher nur das eine Mal, was? Das höre ich hier von allen.« Und dabei schüttelte er noch so den Kopf hin und her und stieß die Luft zwischen den Zähnen aus. Ich fühlte mich total ungerecht behandelt und wollte vor diesem Mann mein Bild wieder geraderücken, ich bin nun mal keine

Schwarzfahrerin (also normalerweise nicht): »Der Automat hat keine Scheine angenommen und ich hatte ausgerechnet heute kein Kleingeld und keine Karte dabei«, versuche ich mich zu erklären, noch nicht mal, um der Strafe zu entgehen, sondern um das richtigzustellen.

Da klappt der Kontrolleur mit einem Schnapp sein Büchlein zu und beugt sich so leicht nach vorne zu mir: »Genau, mein Fräulein, und das ist das Zweite, was ich hier auch von allen höre.«

Normalerweise hätte ich in dem Moment den Kopf eingezogen, mich vor mich hin geärgert und mir zwei Wochen lang im Bett vor dem Einschlafen überlegt, was ich am liebsten geantwortet hätte. Aber ich hatte das Kind dabei, das mich mit großen Augen ansah, und etwas in mir regte sich. Das Muttertier. Nie sollte mein Kind sehen müssen, wie irgendjemand so mit seiner Mama sprach. Ich meine – ›mein Fräulein‹? Das hat meine Mutter zu mir gesagt, wenn ich als kleines Kind etwas ausgefressen hatte! Ich bin eine erwachsene Frau! Wer dachte dieser Typ denn, wer er ist? »Wie reden Sie eigentlich mit der Mutter meines Kindes?«, wäre es mir beinahe rausgerutscht, konnte das aber noch umändern: »Wie reden Sie eigentlich mit mir?«

Und dann hat er mich doch noch angesehen. Ein bisschen abwägend, vermutlich war er sich nicht sicher, mit was er es hier zu tun hatte, und dann hat er, da bin ich mir ganz sicher, hinter meinen Augen das Muttertier gesehen, das ist nämlich ungefähr zwei Meter groß, hat einen stechenden Blick und ist vor allem zu allem entschlossen. In dem Augenblick kam von der Seite ein Stimmchen von einer älteren Dame: »Der Automat geht wirklich nicht, ich bin da auch zugestiegen ...«, und dann senkte der Typ geschlagen den Kopf. »Schon gut«, murmelte er in seinen Schnauzer, »... entschuldigen Sie«, packte seine Tasche unter den Arm und weg war er.

So müssen sich römische Feldherren beim Einzug nach einem Sieg gefühlt haben: stolz, mächtig und unbezwingbar. Ich strahlte die Dame an, die mir zur Seite gesprungen war, und verließ an der nächsten Haltestelle erhobenen Hauptes mit dem Kinderwagen den Waggon. Welche Abenteuer auch immer noch auf mich warten mögen, ich hatte das erste Mal gegen eine Autorität aufgemuckt – heute war alles möglich!

Dass es erst meinen Blick von außen, durch das Kind, gebraucht hat, um für mich einzustehen – ja nun. Anders wäre toller, aber es war eben meine Hilfestellung. Inzwischen traue ich mich durchaus aufzumucken, weil es um mich selbst geht, nicht nur um mich als Mutter – für das Befinden von verschiedenen Staatsdienern, Dienstleistern, Bankberatern und Geschäftspartnern sogar zu sehr. Wenn Sie sich nun lächelnd zurücklehnen, weil Sie überhaupt keine Probleme damit haben, einen unverschämten Fahrkartenkontrolleur in die Schranken zu weisen, bedenken Sie: Sich Autoritäten unterordnen kann viele Seiten haben:

Vielleicht haben die ersten Autoritätspersonen in Ihrem Leben, Ihre Eltern, Ihnen gesagt, es wäre besser, Sie würden nicht Ihre

Träume verfolgen, es wäre besser, es nicht zu versuchen, es wäre besser, Sie hätten etwas ›Sicheres‹. Oder Sie wären gut in Dingsbums – und das, was Sie da wollen, wäre gar nichts für Sie. Und Sie haben es geglaubt.

Vielleicht hat Ihre Chefin Ihnen dargelegt, dass Sie nicht bereit sind, um den Posten anzutreten, den Sie gerne hätten – und Sie haben es geglaubt. Vielleicht hat Ihnen jemand gesagt, Sie hätten für Ihren Traumjob oder Ihr Traumprojekt nicht genügend Talent, nicht die nötige Erfahrung oder die Aussichten auf Erfolg wären zu klein – und Sie haben es geglaubt. Vielleicht hat der Lehrer in Ihrer Klasse befunden, dass Sie es in den mathematisch-naturwissenschaftlichen Fächern nie zu etwas bringen werden, und auch das haben Sie geglaubt.

Vielleicht haben oder hatten Sie einen Partner, der Sie am Boden halten wollte, der nicht wollte, dass Sie sich weiterentwickeln, aus Angst, Sie würden ihn zurücklassen, wenn Sie sich nach oben strecken.

Vielleicht sitzt die Autorität, der Sie sich unterordnen, in Ihrem eigenen Kopf und vielleicht sitzt sie dort schon sehr lange und flüstert Ihnen großen Mist ein. Hören Sie doch mal genau hin und schauen Sie, ob Sie da nicht irgendwo die Stimme des Clowns erkennen …

Hier ein Kasten, in dem Sie herumfuhrwerken können, wie Sie wollen:

Wo irrt Ihr Clown?

....
....
....

Welche Autoritäten gab es/ gibt es in Ihrem Leben? Hören Sie auf die? Macht das Sinn?

....
....
....

Wie wirkt sich das auf Ihr Leben aus? Was wäre anders, wenn Sie das ändern könnten?

....
....
....

Welche Anstrengung wäre dafür nötig?

....
....
....

7.
NEIN

Überlegen Sie mal: Heißt ›nein‹ im Leben immer ›nein‹? Ich denke, ›nein‹ heißt meistens gar nicht ›nein‹. Es heißt lediglich: nicht *so*. Wenn Sie ein Nein auf dem Weg zu Ihrem Traum akzeptieren, dann wird dieser Traum von jemand anderem gesteuert. Es ist aber IHR Traum und deswegen weigern Sie sich ruhig, ›nein‹ als eine Antwort zu akzeptieren. Ein Nein ist kein Stoppschild, an dem man für immer stehen bleiben muss, sondern eher ein … Umleitungsschild.

Mich hat ein Nein regelmäßig aus der Bahn geworfen, bis ich das begriffen habe.

Kann ich das Buch so schreiben, wie ich will? – NEIN. Kann ich ein Kind bekommen, Frau Doktor? – NEIN. Kann ich einen Kredit für ein Haus haben, liebste Bank? – NEIN. Kann ich halbtags arbeiten? – NEIN. Kann ich …? Verdammt noch mal, was kann ich denn hier eigentlich?

Ich habe jedes Mal für bare Münze genommen, dass diese ganzen NEINs heißen, ich müsste mich von dieser Idee, diesem Traum oder dieser Vorstellung verabschieden! Schließlich war es meine Freundin Jana, die mich irgendwann fassungslos ansah und meinte: »Ein Nein ist doch kein Grund, mit etwas aufzuhören!«, und ich war – verdutzt. Denn so hatte ich es noch nie gesehen. Die Frage ist nicht: *Kann ich?*, sondern: *Kann ich so?* Und ein Nein ist auch nur die Antwort auf *Kann ich so?* (um nicht zu sagen: Ihr könnt mich mal).

Bildlich gesprochen: Wenn Sie nicht durch die Türe hineinkommen, dann versuchen Sie es eben durchs Fenster, und wenn das nichts bringt, vielleicht klettern Sie dann an der Regenrinne hoch (es sei denn, Sie sind ein Stalker, dann vergessen Sie bitte, was ich gesagt habe).

›Nein‹ heißt also nicht, dass man sofort mit allem aufhören soll. Es ist lediglich eine Kursänderung.

Manchmal ist ein Nein aber auch ein willkommenes Wort, nicht wahr? Zum Beispiel, wenn man durch ein Nein daran gehindert wird, etwas zu tun, was man will oder sollte, das einem aber eine Heidenangst einjagt. Eine Ausrede, die man sich nicht selbst ausdenken musste, ist das dann – so, wie wenn man noch joggen gehen wollte, es aber irgendwie mit etwas Fantasie nach Regen aussieht. Ein äußerer Umstand spielt uns gnädigerweise in die Hände und wir können gemütlich auf der Couch sitzen, Netflix gucken und wenn der Partner erstaunt fragt: »Wolltest du nicht joggen gehen?«, bedauernd mit den Schultern zucken und nach draußen deuten: »Ich wollte ja, aber was will man schon gegen schlechtes Wetter tun?«

»Da ist ein winziges weißes Wölkchen am blauen Himmel!«

»Ein Vorbote!«

Das geht mit großen Zielen und Träumen auch: Egal, um welchen Traum es sich handelt, wenn man sich selbst für nicht gut genug hält, für nicht talentiert genug, und man deswegen die Hosen voll hat – also, wenn dann eine andere Person sagt: »Du bist nicht gut genug«, dann kann man innerlich in die Hände klatschen und sagen: »Jepp! Genau das dachte ich auch!« So ist das mit manchen Neins.

Ein Nein kann auch ein willkommener Schuldiger sein, dass wir nicht so sind, wie wir gerne wären: Meine Mutter hat zum Beispiel seit einiger Zeit ein wehes Bein. Was genau mit dem Bein los ist, weiß kein Mensch, aber es tut weh und sie kann nicht gut laufen. Seit sie das wehe Bein hat, jammert sie mir die Ohren voll, dass sie keine Bergwanderung machen kann. Meine Mutter hat noch nie Bergwanderungen gemacht! Sie geht nicht mal freiwillig zu Fuß in den ersten Stock! Aber klar, wenn das Bein nicht wäre – dann könnte sich der Watzmann warm anziehen! Man kann das Bein, ein Verbot, eine Absage oder sonst was verantwortlich machen dafür, dass man irgendetwas nicht macht. Gerne genommen: der Partner oder die Partnerin. Jana hatte mal einen Freund, der wollte immer nach Australien auswandern. Unbedingt. Was haben wir uns alle Vorträge angehört, wie toll das wäre, wenn er endlich nach Australien auswandern könnte – wenn nur Jana zustimmen würde. Jana tippte sich aber lediglich an die Stirn. Ein Land, in dem die lebensgefährlichsten Tiere der Welt auf einem Haufen wohnen und die größte Attraktion ein Berg in einer Wüste ist, war kein Ort, an dem Jana leben wollte. Jana war irgendwann so genervt von der Australiengeschichte, dass sie aus Spaß irgendwann sagte:»Weißt du was? Wenn es dein Traum ist, dann meinetwegen. Dann gehen wir da eben hin.« Das Gesicht des armen Tropfs hätten Sie sehen müssen. Da war Panik in seinen Augen, denn jetzt musste er vielleicht *wirklich* nach Australien auswandern!

Die beiden haben, Überraschung, nicht zusammen das Land verlassen, aber Jana hat ihn irgendwann verlassen und auch jetzt lebt er nicht in Australien, sondern um die Ecke in der Otto-Prötzmann-Straße.

In die Kategorie der Neins fällt unter Umständen auch noch eine Sache, die toppt alles: das Trauma, also eine seelische Verletzung. Wenn etwas Schlimmes passiert, das alles andere in den Hintergrund treten lässt.

Traumata sind übrigens keine Seltenheit, im Gegenteil, sie sind Teil des Lebens und weitverbreitet. Lange hat sich hartnäckig die Idee gehalten, ein Trauma bräche uns für den Rest unseres Lebens, was auch daher kommt, dass Psychologen und Psychiater in den ersten Jahrzehnten ihrer Praxis nur mit den echt harten Fällen zu tun hatten, Menschen mit schweren Psychosen und suizidalen oder Persönlichkeitsstörungen, und so gut wie allen war gemein, dass sie irgendein Trauma erlitten hatten. Die Ärzte kamen deswegen zu dem Schluss, dass Traumata die Ursache psychischer Erkrankungen sind. Das ist ein sogenannter Zielscheibenfehler: Man bringt ein Ereignis und einen Grund für dieses Ereignis zusammen, obwohl beide nichts miteinander zu tun haben (dazu mehr im nächsten Kapitel, das ist nämlich höchst interessant).

Als schließlich die Psychologie nicht mehr nur was für ›Spinner‹ war, sondern gesellschaftlich akzeptiert wurde, stellte sich heraus, dass Traumata eine verbreitete Sache sind.

Tatsächlich erleben die meisten Menschen in ihrem Leben eines oder mehrere Traumata, entweder kurzfristig oder langfristig, mehr oder weniger dramatisch. Das kann ein Kindheitstrauma sein, verursacht durch Vernachlässigung, Tod der Eltern oder Missbrauch, es kann Ursachen haben wie Krieg und Vertreibung, eine lebensbedrohliche Krankheit, aber auch eine Scheidung, Mobbing oder körperliche Züchtigung. Ja sogar eine Geburt kann traumatisch sein. In den wenigstens Fällen zerbrechen die Leute daran, im Gegenteil: Bis zu 90 Prozent der Menschen erleben nach einem traumatischen Ereignis in den folgenden Monaten und Jahren auch mindestens eine Form des persönlichen Wachstums.[7]

An dieser Stelle sei denen gesagt, die sich gerade nach Durchlittenem durch die Trümmer ihres Lebens wühlen müssen: Sie machen das großartig. Allein, dass Sie durchstehen, was auch immer Ihnen zugestoßen ist, macht Sie zu einer großen Kämpferin. Diese Kraft, die Sie für die Bewältigung Ihres Traumas gebraucht haben, nutzen Sie die – auch wenn der Weg, um sie zu bekommen, schmerzlich war. Nach einer schmerzvollen Erfahrung findet man nicht einfach wieder zu sich zurück und wird, was man

---

[7] Calhoun, Lawrence G. und Tedeschi, Richard G. (Hrsg.): *Handbook of Posttraumatic Growth*, Psychology Press, New York: 2006/Google Scholar.

war. Man wird zu einer stärkeren, widerstandskräftigeren Version seiner selbst. Das ist ein wichtiger Teil des Ganzen: Zu wem wir werden auf unserem Weg, egal, was das Ziel ist.

Ein Trauma kann aber eben auch etwas sein, das einen sagen lässt: Also, ich habe genug damit zu tun, das hier zu überstehen, da kann ich mir nicht auch noch leisten, mich um das Verwirklichen von meinen Träumen zu kümmern – niemand (also auch ich selbst nicht) kann das von mir erwarten! Der Clown kennt viele Pfade, sich vor dem zu drücken, was ihn ängstigt.

Mein Freund Hummel redet zum Beispiel seit Jahren davon, sich selbstständig zu machen. Er ist lange genug für Drehaufnahmen von Werbefilmchen um die Welt gereist, um den Modellen Frisuren zu föhnen und Make-up aufzumalen, und er macht das wirklich toll, aber jetzt hat er die Schnauze voll von Flughäfen, hysterischen Werbefuzzis und von Arbeitsbeginn morgens um fünf. Deswegen will er einen eigenen Laden in der Stadt aufmachen: Die gleiche Arbeit, aber geregelte Arbeitszeiten und deutlich weniger Flughäfen. Er hat das Know-how, er kann mit Leuten, er hat sogar das Eigenkapital, aber vor allem hat er: jede Menge Ausreden, warum es einfach nicht klappt mit dem Laden.

Einmal ist der Standort des potenziellen Ladens nicht superoptimal (sondern nur optimal), dann hat er nicht die gewünschte Raumaufteilung (»Wenn er nur eine *Handbreit* breiter wäre!«), mal hat Hummel gerade ganz andere Sorgen und kann sich den Stress nicht auch noch antun, und dann sagt die Wahrsagerin, in Monaten mit R solle er besser gar keine Geschäfte tätigen.

In den Monaten ohne R ist er dann nicht sicher, ob das Farbkonzept des Etablissements eher korallenrot, magentarot, fuchsiarot oder doch eher amaranthrot sein soll, und verzettelt sich in diesem Farbtopf, dass von praktischen Überlegungen keine Rede mehr sein kann.

Es ist zum Verrücktwerden. Hummel sucht händeringend und permanent nach Gründen, die ihn an seinem Projekt hindern. Gut – manche Gründe sind nicht von der Hand zu weisen. Zum Beispiel könnte es in der Tat hinderlich sein, wenn der Beauty-Laden in dieses schöne, denkmalgeschützte Erdgeschoss einzieht, über dem aus ebenjenen Denkmalschutzgründen das uralte Schild *Naive Bauernmalereien* nicht übermalt werden darf. Da sitzt man ungern zum Schminken im Schaufenster, das sehe ich ein. Aber es sind eben oft nicht solche handfesten Gründe, sondern irgendwelche schwammigen Gründe, und wenn Hummel gar nichts mehr einfällt, dann sagt er: »Ich habe da ein schlechtes Gefühl bei.« Dagegen kommst du ja nicht an. Dieses schlechte Gefühl wertet er dann als Intuition, und auf die sollte man ja bekanntlich hören.

Es besteht aber ein deutlicher Unterschied zwischen Intuition-Bauchgefühl und die-Hosen-voll-Haben:

Im Fall von Hummel ist es sein innerer Clown, der zu gut auf die Eltern gehört hat, als die ihm sagten:

- Besser den Spatz in der Hand ...
- Was da alles passieren kann!
- Auf einen wie dich werden sie gewartet haben.

7. Nein

Und das hört er jetzt in Dauerschleife in seinem Hirn, wenn er mit dem Makler und mir in einem Laden steht, der ganz hervorragend für seine Sache geeignet wäre. Schon traut er sich alles nicht mehr zu, bekommt Angst, und das ist dann das mulmige Gefühl im Bauch, dem er nachgibt. Wenn er dann nach einiger Zeit wieder mutig genug ist und der Verstand ihn zurechtgewiesen hat, dass alles eine feine Sache ist, macht er wieder einen Termin aus. Und da stehen wir dann wieder in irgendeinem Ladengeschäft, das zu vermieten ist, Hummel, der Makler und ich – und alles geht von vorne los.

Weil ich Hummel wirklich gerne mag und auch, weil ich das In-Läden-Herumstehen wirklich satthabe (und der Makler hat inzwischen auch schon so einen süßsauren Gesichtsausdruck, wenn er uns trifft), habe ich ihn schließlich gefragt: »Wenn der nächste Laden die richtige Breite, die richtige Größe, Innenfarbe und Raumtemperatur hat, wenn er kostet, was du dir vorstellst und kein Schild drüberhängt, das man nicht abmachen darf – und wir könnten gleich unterschreiben: Was fühlst du dann?« Und da sieht mich Hummel mit aufgerissenen Augen an und es kommt wie aus der Pistole geschossen: »Schiss!« In seiner Vorstellung ist das der erste Schritt auf seinem sicheren Weg in den Untergang, den er sich in den prächtigsten Farben ausmalen kann – beziehungsweise der ihm in den prächtigsten Farben ausgemalt wurde, und zwar vor langer Zeit schon. Vielleicht, um ihn vor etwas zu beschützen, denn Eltern machen das ja nicht aus purer Boshaftigkeit, sondern wollen nur das Beste. Ein Klassiker aus der Abteilung ›Gut gemeint ist nicht immer gut gemacht‹.

Wenn man Hummel aber andersherum aufzäumt, bekommt man etwas anderes: »Hummel, stell dir mal vor, du kannst das alles erreichen, was du willst – wie sieht das dann aus?« Da bekommt der Mann leuchtende Augen! Er fängt an, seinen Plan (und die Einrichtung) penibel darzulegen, zählt auswendig alle Punkte auf, die seinen Laden zu etwas ganz Besonderem, Einzigartigem und nie Dagewesenem machen, wann warum geöffnet ist und was die Angestellten anhaben. Er hat das Logo schon fix und fertig, sogar das ›Geöffnet‹-Schild hat er schon! Unnötig zu fragen, aber falls Sie sich nach diesen Schilderungen erkundigen würden, wie er sich nun fühlt, wird Ihnen Hummel antworten: »Wie der glücklichste Mensch auf Erden!« (Er hat einen Hang zum Übertreiben, aber trotzdem.)

Was Hummel bremst, ist nicht Intuition, sondern Angst. Intuition ist, wenn wir, ohne den Verstand zu benutzen, etwas erspüren, und zwar in der Regel, weil wir uns mit dem Sachgebiet hervorragend auskennen oder weil es um unseren Geschmack geht. Was Hummel macht, ist Untergangsszenarien in seinem Kopf entwerfen.

Ein hervorragendes Beispiel für Intuition beschreibt Malcolm Gladwell in seinem Buch *Blink!*.[8]

Gladwell berichtet darin über das Getty-Museum in Los Angeles, dem eine griechische Statue zum Kauf angeboten wurde, für schlappe zehn Millionen Dollar. Das ist ja ein Betrag, bei dem sich ein genaueres Hinsehen lohnt, und deshalb fuhr das

---

8   Gladwell, Malcolm: *Blink! Die Macht des Moments*, Campus Verlag: 2005.

Museum alles auf, was es so zur Verfügung hatte, um die Echtheit der Statue zu prüfen, nämlich das Elektronenmikroskop, die Massenspektrografie, sowohl Röntgendiffraktions- als auch Röntgenfluoreszenzuntersuchungen. Nachdem der Jüngling über einen Zeitraum von 14 Monaten hinlänglich durchleuchtet und vermessen worden war, kamen sie zu dem Ergebnis: Das Ding ist echt. Kurz bevor das Geschäft über die Bühne ging, sah sich der Leiter des Metropolitan Museum of Art in New York das gute Stück an und das erste Wort, das ihm beim Anblick der Statue durch den Kopf schoss, war: *frisch*.

»Nicht gerade das erste Wort, das einem beim Anblick einer 2 500 Jahre alten Statue einfallen sollte«[9], schreibt Gladwell. Ein anderer Experte, Georgios Dontas der Archäologischen Gesellschaft in Athen, hatte eine ähnliche Eingebung: Er verspürte »ein Frösteln am ganzen Körper« und hatte »das Gefühl, als würde ihn eine unsichtbare Wand von dem Werk trennen.«[10] Nicht gerade Worte, die eine analytische Sicht beschreiben, sie konnten ihr Gefühl auch nicht genau begründen, es war eben – ein Gefühl. Am Ende stellte sich die Statue tatsächlich als Fälschung heraus, kunstvoll gefertigt von einer Fälscherwerkstatt in Rom, und zwar nicht vor 2 500 Jahren ...

Die ausgetüftelten, hochmodernen Untersuchungen waren allesamt nutzlos und richtiglagen ein paar langjährige Experten, die in Sekundenschnelle das richtige Gespür hatten. Sie hatten nicht ihren Verstand bemüht, und das war ihr Vorteil: Anschei-

---

9   Ebd., S. 10.
10 Ebd., S.13.

nend hatten sie ja ein oder mehrere Details wahrgenommen, die bei einer objektiven Betrachtung nicht weiter aufgefallen waren. Das ist Intuition.

Der Rest ist Kopfkino. Das bezieht sich nicht auf Fakten oder Vergleichswerte, sondern auf Dinge, die sich in einem selbst abspielen, und da kommen dann die ganzen irrationalen Befürchtungen mit hinein, die unser Clown so in petto hat.

Intuition ist schnell und auch ziemlich objektiv, sie wird nicht von diesen starken Gefühlen begleitet, die auftauchen, wenn das Kopfkino einem Untergangsszenarien darbietet. Es ist nicht dieses mulmige, bohrende Gefühl im Bauch, wo Angst, Nervosität und Unruhe wohnen, sondern eher ein spontanes Wissen, ein Ziehen in eine Richtung.

Ratschläge geben uns beide, Angst und Intuition, wir müssen nur lernen, sie zu unterscheiden. Aus Angst werden berufliche Träume nicht verwirklicht, Beziehungen nicht beendet oder angefangen, Abenteuer nicht unternommen und Menschen nicht kennengelernt – und das wird dann oftmals völlig ungerechterweise der Intuition in die Schuhe geschoben. Das passiert leicht, denn es sind beide, die uns beeinflussen wollen – aber wir können uns aussuchen, auf wen wir hören.

**Hier ein Kasten, in dem Sie herumfuhrwerken können,
wie Sie wollen:**

Welches Nein benutzen Sie als Ausrede, weil Sie Schiss haben?
....
....
....

Steckt dahinter ein wirklicher Wunsch?
....
....
....

Wie wirkt sich das auf Ihr Leben aus? Was wäre anders,
wenn Sie das ändern könnten?
....
....
....

Welche Anstrengung wäre dafür nötig?
....
....
....

8.
ZIELSCHEIBEN UND BESTÄTIGUNG

Lustig: Wenn man sich über Intuition unterhält, dann kommt ganz oft die Geschichte von diesem Passagier, der beim Einsteigen ins Flugzeug so ein mulmiges Gefühl hatte – und wieder ausstieg. Das Flugzeug stürzte ab und der Mulm, beziehungsweise die Tatsache, dass der Mann auf ihn gehört hat, hat ihm das Leben gerettet. Das zum Beispiel ist nicht Intuition. Es ist auch keine Vorahnung. Das ist einfach Zufall. Überlegen Sie nur einmal, wie viele Menschen täglich mit einem Mordsmulm ins Flugzeug steigen und *nicht* abstürzen …

Jede Menge Fehler, die unser innerer Clown macht – und damit wir – kommen zustande, weil er permanent darum bemüht ist, hinter allen möglichen Ereignissen ein Muster zu erkennen. Auch das ist vermutlich ein Relikt aus der Säbelzahntiger-Zeit, als es überlebenswichtig war, Gefahren früh zu erkennen: Es raschelt irgendwo, die Vögel fliegen auf und es riecht nach Katze? LAUF, DU LUSCHE!

8. Zielscheiben und Bestätigung

Überlebt haben die, die dann auch tatsächlich losgelaufen sind. Diejenigen, die erst mal gucken wollten, denn schließlich könnte es sich ja auch nur um einen Tigerhaufen handeln, die Vögel fliegen auf wegen allgemeiner Aufbruchstimmung und das Rascheln kommt vom Wind – also, die wurden deutlich öfter gefressen. Und so stammen wir eben nicht von den analytischen Verstandesmenschen ab, sondern von argwöhnischen Gesellen, die auch mal einen Tiger vermuten, wo keiner ist. Unser Bedürfnis, hinter allem einen Sinn, einen Ursprung und ein Muster zu erkennen, ist so groß und es läuft so automatisch und unbewusst ab, dass uns dabei eben auch jede Menge Fehler passieren.

Einer dieser Fehler ist der Zielscheibenfehler mit der großartigen englischen Bezeichnung *Texas Sharpshooter Fallacy*. Dieser Name kommt von dem bildlichen Beispiel eines Schützen, der wie verrückt auf ein Scheunentor ballert. Um die Stelle, an der sich die meisten Einschusslöcher befinden, malt er einfach eine Zielscheibe, und schon hat es den Anschein, als habe der Schütze außergewöhnlich gut getroffen. Wir machen tagein, tagaus das Gleiche. Wir malen Zielscheiben über jede Menge zufälliger Verdichtungen von Ereignissen.

Ein wunderbares Beispiel für den Zielscheibenfehler beschreibt David McRaney in seinem Buch *Ich denke, also irre ich*:

»Abraham Lincoln und John F. Kennedy waren beide Präsidenten der USA. Sie hatten das Amt in einem zeitlichen Abstand von 100 Jahren inne. Beide wurden von Attentätern erschossen, die drei Namen mit jeweils 15 Buchstaben hatten: John Wilkes Booth und Lee Harvey Oswald. Beide Mörder wurden getötet, noch bevor ihnen der Prozess gemacht werden konnte. Unheimlich, nicht wahr? Aber es kommt noch besser: Kennedy hatte einen Sekretär namens Lincoln! Beide Präsidenten wurden an einem Freitag ermordet, als sie neben ihren Ehefrauen saßen: Lincoln im Ford's Theatre, Kennedy in einem von der Ford Motor Company hergestellten Lincoln! Beide Präsidenten hatten einen Nachfolger namens Johnson: Nach Abraham Lincoln wurde Andrew Johnson gewählt, nach John F. Kennedy zog Lyndon B. Johnson ins Weiße Haus ein. Andrew Johnson wurde im Jahr 1808 geboren, Lyndon B. Johnson erblickte 1908 das Licht der Welt. Das kann doch kein Zufall sein, oder?«[11]

Da kommt man glatt ins Grübeln, nicht?

Erst als McRaney die Geschichte auflöst, fällt es uns auch auf: So erstaunlich, wie wir dachten, ist das alles gar nicht:

»Erachten Sie die Parallelen zwischen Lincoln und Kennedy als verblüffend, lassen Sie unberücksichtigt, dass Kennedy Katholik war und Lincoln als Baptist geboren wurde. Kennedy wurde mit einem Gewehr erschossen, Lincoln mit einer Pistole. Kennedy wurde in Texas ermordet, Lincoln in Washington D.C. Kennedy hatte glänzendes rotbraunes Haar, Lincoln trug stets einen eleganten Hut.« In den Beispielen gibt es also nahezu eine Unmenge von Fakten, die nicht berücksichtigt werden.

---

11 McRaney, David *Ich denke, also irre ich: Wie unser Gehirn uns jeden Tag täuscht*, mvg Verlag, München: 2012, S. 55.

8. Zielscheiben und Bestätigung

Sie vermuten ganz richtig: Verschwörungstheoretiker zum Beispiel sind ganz, ganz groß im Zielscheibenmalen – lästern wir, während von unserem eigenen Zielscheiben-Malerpinsel noch die Farbe tropft. Es passiert einfach so leicht ... Wunderbar anschaulich hat das Dr. rer. nat. Marcus Oettinger anhand einer Tabelle dargestellt, die ich hier etwas verändert wiedergebe:[12]

Malen Sie das mal auf, eine 6 x 6 Felder große Tabelle:

	1	2	3	4	5	6
1						
2		X			X	
3						
4						
5		X			X	
6						

---

12 https://vorlesung.oettinger-physics.de/script/texas.html (abgerufen am 02.01.2019).

Die teilen Sie in vier Quadrate und in die Mitte von jedem Quadrat machen Sie ein X. Nehmen Sie jetzt zwei unterscheidbare Würfel. Mit dem einen erwürfeln Sie eine Zeile zwischen 1 und 6, mit dem anderen die zugehörige Spalte von 1 bis 6. Wie beim Schiffeversenken. Mit jedem Wurf der beiden Würfel erhalten Sie so Koordinaten eines Feldes im Gitter, und da machen Sie einen roten Punkt rein. Nach einiger Zeit haben Sie eine schöne, unregelmäßige Verteilung von roten Punkten auf Ihrer Tabelle.

Im Durchschnitt befänden sich 25 Prozent von 100 Prozent aller gemalten Punkte in einem der vier Quadrate. Jetzt ist es bestimmt in Ihrer Tabelle auch so, dass der Zufall in eines der Quadrate mehr, in ein anderes weniger als diese 25 Prozent gewürfelt hat.

Wenn wir uns nun vorstellen, die vier X stehen für vier deutsche Großstädte und die roten Punkte stehen für, sagen wir, Fälle, in denen Kinder von ihren Stofftieren gebissen wurden, dann ergeben sich, zum Beispiel:

17 rote Punkte im ersten Quadrat, 10 im zweiten, 23 im dritten und 22 Treffer im vierten Quadrat. In Prozent umgerechnet ergibt das:

1. Quadrat: Treffer: 17, Quote: 23,61 %
2. Quadrat: Treffer: 10, Quote: 13,89 %
3. Quadrat: Treffer: 23, Quote: 31,94 %
4. Quadrat: Treffer: 22, Quote: 30,56 %

Im dritten Quadrat mit den 23 Treffern liegt die höchste Häufigkeit vor, nämlich 31,94 Prozent. Der Erwartungswert ist 25 Prozent, also treten die Vorfälle hier offensichtlich mit einer um 6,94 Prozent erhöhten Häufigkeit auf. Wir treiben das Beispiel auf die Spitze und stellen die Zahlen um: Wir erwarten in jedem Quadranten 25 Prozent der Treffer, als Maximum erhalten wir aber 31,94 Prozent oder: 31,94/25 = 127,8 Prozent des erwarteten Werts.

Aus diesem Ergebnis lässt sich die besonders schöne Aussage formulieren:

Rätsel um aggressive Kuscheltiere gelöst – Studie zeigt: 127,8 % mehr Angriffe nahe der Großstadt X![13]

Beißen Kuscheltiere also öfter in der Nähe der Großstadt X? Nein, natürlich nicht. Die Zahlen sind aus den erwürfelten Daten berechnet, die Häufung der Treffer ist nur durch den Zufall begründet.

Das erscheint so weit noch ganz spaßig, nicht? Aber was, wenn ich Ihnen nun sage, dass es sich bei den X nicht um Großstädte, sondern um, sagen wir:

1. eine Chemiefabrik,
2. eine Mülldeponie,
3. eine Hochspannungsleitung,
4. und ein Endlager für radioaktiven Abfall handelt?

---

[13] entnommen aus: https://vorlesung.oettinger-physics.de/script/texas.html von Dr. rer. nat. Marcus Oettinger (abgerufen am 04.03.2019).

Und bei den roten Punkten um Krebserkrankungen bei Kindern? Dann hätte doch der Anti-Hochspannungs- und Vorsicht-Elektrosmog-Verein ein wahnsinnig tolles Argument, oder? Dieser Effekt heißt im Englischen auch *Clustering Illusion*, also Klümpchen-Illusion. Dabei malt man eine Zielscheibe um eine statistisch vorkommende Häufung von Ereignissen mit – irgendwas. Vielleicht erinnert sich der eine oder andere noch an den Film *Erin Brockovich*, der im Jahr 2001 einen Oscar erhielt. Der Film basiert auf einer wahren Geschichte, in der die Cluster-Illusion zu einer Schmerzensgeldzahlung von 333 Millionen US-Dollar geführt hat …

Der Zufall macht die wildesten Sachen – und lädt zu einer selektiven Wahrnehmung ein. Im Fall von Al Gore, dem ehemaligen US-Vizepräsidenten und Klimaschützer, schwappt das schon fast ins Komische, denn dort, wo er für den Kampf gegen die Klimaerwärmung auftritt, stürzen regelmäßig die Temperaturen in ungeahnte Tiefen: Bei einem Vortrag in New York über die Erderwärmung im Jahr 2004 verzeichnete die Stadt ihren Kälterekord seit Aufzeichnung der meteorologischen Daten. 2006 musste seine Senatsanhörung zum gleichen Thema wegen Schneesturm verschoben werden, bei einer anderen Anhörung mit dem gleichen Thema 2009 gab es immerhin Eisregen.

Als er 2009 in Sachen Erderwärmung nach Australien reiste, gab es mitten im australischen Frühsommer ein Schneegestöber und sein Vortrag ein Jahr zuvor an der Harvard-Universität wurde von dem größten Temperatursturz seit 125 Jahren begleitet. Ebenfalls 2008 sorgte sein Auftritt im Zeichen der Erderwärmung für Schneefälle in Rom, Neapel, Mailand und Palermo gleichzeitig und als Gore im April 2010 per Twitter über die geringste Schneemenge der Geschichte der USA schrieb, fiel zwei Tage später in Wyoming und Colorado derart viel Schnee, dass die Leute anfingen, sich über den Zusammenhang lustig zu machen.[14] Zufall? Natürlich! Niemand wird Al Gore unterstellen, er habe tatsächlich Einfluss auf das Wetter (zumindest nicht außerhalb seines politischen Engagements), aber es ist so toll, Zusammenhänge herzustellen.

Unser Clown neigt nicht nur dazu, Zusammenhänge herzustellen, wo es keine gibt, er hat auch einen tatsächlichen, merk- und messbaren Einfluss auf unseren Körper. Der ist bekannt als Placeboeffekt, also die heilende Wirkung von Behandlungen, die nicht auf Wirksamkeit, sondern auf dem psychosozialen Kontext einer Behandlung beruht. Ebenso der Noceboeffekt, der die negativen körperlichen Reaktionen beschreibt, die nicht durch die Wirksamkeit oder die Nebenwirkungen einer Behandlung hervorgerufen werden, sondern ebenfalls durch den psychosozialen Kontext. Das passiert mitnichten nur Spinnern, sondern uns allen.

In der Studie von Prof. Dr. Michael Witthöft vom Psychologischen Institut der Johannes Gutenberg-Universität in Mainz und Dr. G. James Rubin vom King's College in London wurde 147 Testpersonen ein Fernsehbericht gezeigt. Dabei bekam eine Gruppe der

---

14 Mai, Jochen und Rettig, Daniel: *Ich denke, also spinn ich: Warum wir uns oft anders verhalten, als wir wollen*, Deutscher Taschenbuch Verlag, München: 2011, S. 47.

Teilnehmer einen Dokumentarfilm zu sehen, in dem eindrücklich vor den Gefahren von Mobilfunk- und WLAN-Strahlung gewarnt wurde. Die andere Gruppe schaute einen Beitrag über die Sicherheit von Internet- und Handydaten. Im Anschluss wurden alle Testpersonen einem scheinbaren WLAN-Signal ausgesetzt, das in Wirklichkeit nicht vorhanden war. Und obwohl sie keinerlei Strahlung ausgesetzt waren, klagten 54 Prozent der Teilnehmer über körperliche Symptome. 54 Prozent! Also über die Hälfte! Zwei Teilnehmer beendeten den Test vorzeitig, weil ihre Symptome so stark waren, dass sie sich nicht länger der vermeintlichen Funkstrahlung aussetzen wollten. Diejenigen Teilnehmer, die vor der vermeintlichen Strahlung den Dokumentarfilm über die möglichen Gefahren der Funksignale gesehen hatten, litten dabei am stärksten unter den Symptomen.[15]

Medienberichte können also einen großen Einfluss auf unser Wohlbefinden haben. Wenn man bedenkt, dass sich die Medien nicht nur selten an die wissenschaftlichen Fakten eines Themas gebunden fühlen, sondern diese sogar für einen möglichst reißerischen Effekt verbiegen, dann haben die Medien einen wesentlich größeren Einfluss auf das Wohlbefinden der Allgemeinheit als bis jetzt angenommen: Sie können dafür sorgen, dass Menschen krank werden.

---

15   Pressemitteilung der Johannes Gutenberg-Universität Mainz: »Nocebo-Effekt: Medienberichte können Krankheitssymptome auslösen« vom 30.04.2013, http://www.uni-mainz.de/presse/56071.php
Veröffentlichung: Witthöft, Michael und Rubin, G. James: »Are media warnings about the adverse health effects of modern life self-fulfilling? An experimental study on idiopathic environmental intolerance attributed to electromagnetic fields (IEI-EMF)«. *Journal of Psychosomatic Research*, Volume 74, Issue 3, März 2013, S. 206–212.

8. Zielscheiben und Bestätigung

Die Studie macht deutlich, dass die Warnung vor Gesundheitsrisiken durch die Medien den Noceboeffekt auslösen oder verstärken kann. Berichte über elektromagnetische Felder (EMF) und die daraus möglicherweise entstehenden Gesundheitsrisiken erscheinen immer wieder in den Medien, speziell wird auf die Sendeleistung von Mobilfunkmasten, Handys, Hochspannungsleitungen und WLAN hingewiesen. Die körperlichen Symptome, die Menschen entwickeln, die von einer Gefährdung durch diese Strahlung ausgehen, reichen von Kopfschmerzen und Schwindel bis zu Herzrasen, Müdigkeit und brennender oder kribbelnder Haut. In Extremfällen sind die Betroffenen sogar bereit, in abgeschiedene Regionen zu ziehen, wo die Strahlung sie nicht erreichen kann.

»*Tests haben allerdings gezeigt, dass Betroffene nicht unterscheiden konnten, ob sie tatsächlich elektromagnetischen Feldern ausgesetzt sind, und dass ihre Symptome genauso von einer Scheinexposition ausgelöst werden können wie von realer Strahlung*«, so Witthöft.[16]

Genannt wird das Phänomen ›elektromagnetische Hypersensitivität‹. Die Betroffenen berichten dabei über körperliche Symptome aufgrund von elektromagnetischen Wellen wie zum Beispiel Handystrahlung. Die körperlichen Beschwerden sind im Kernspintomografen ›nachweisbar‹: Die Hirnregionen, die für Schmerzverarbeitung zuständig sind, sind bei den Betroffenen aktiviert.

---

16   Backe, Jael Prof. Dr. med. und Reinwarth, Alexandra: *Am Arzt vorbei geht auch ein Weg. Die Kraft der Selbstheilung – eine medizinisch fundierte Anleitung*, mvg Verlag, München: 2018, S. 55.

»Es spricht allerdings vieles dafür, dass es sich bei der elektromagnetischen Hypersensitivität um einen sogenannten Noceboeffekt handelt«, erklärt Dr. Michael Witthöft von der Johannes Gutenberg-Universität Mainz (JGU). *»Allein die Erwartung einer Schädigung kann tatsächlich Schmerzen oder Beschwerden auslösen, wie wir es umgekehrt im Bereich schmerzlindernder Wirkungen auch von Placeboeffekten kennen.«*[17]

Krass, oder?

Oftmals scheint uns etwas so offensichtlich, naheliegend und logisch, dass wir einer Erklärung, die zwar nicht ganz wissenschaftlich ist, dafür aber gut in unser Weltbild passt, mehr Bedeutung zumessen, als sie es vielleicht verdient hat. Denken wir nur an die Sache mit dem Elektrosmog. Eventuell ein etwas zu reißerisches Wort, aber im Vertrauen: Wer ahnt nicht, dass die ganzen elektromagnetischen Wellen, die Sendemasten und Strahlen von Mobilfunk, Radio, WLAN, Radar und Funk, sich schädlich auf den menschlichen Organismus auswirken? Wenn dann noch ein Bericht in den Medien auf diese dunkle Ahnung trifft, haben wir bereits die besten Voraussetzungen für einen weitreichenden Noceboeffekt. In einer Pressemitteilung der Universität Mainz heißt es dazu: *»Medienberichte über vermeintlich gesundheitsgefährdende Substanzen können dazu führen, dass empfindliche Menschen Krankheitssymptome entwickeln, obwohl es objektiv keinen Anlass dafür gibt.«*

---

17 Ebd.

8. Zielscheiben und Bestätigung

Die Testpersonen malen also eine Zielscheibe um die (nicht vorhandene) Strahlung und um die Beschwerden – die sie dann auch gleich selbst erzeugen![18]

Wir Menschen sind schon erstaunliche Tiere ...

Vielleicht malen Sie aber ganz andere Zielscheiben – zum Beispiel um, um ... Schlafen Sie eigentlich gut bei Vollmond? Das ist ja auch so eine Sache. Meine liebe Freundin Anne zum Beispiel schläft wahnsinnig schlecht bei Vollmond, sagt sie. Auch, wenn sie gegen die Helligkeit die Vorhänge zuzieht – der einzige Grund, warum man bei Vollmond eventuell schlechter schläft, sagt die Forschung. Anne hingegen hat im Internet nachgelesen, dass der Mond sehr wohl Auswirkungen hat auf den Schlaf (und auf einige hanebüchene Dinge mehr), und zwar auf der Seite www.eso-kacke.de, und im

---

18 Wer zum endgültigen Schluss über die vorhandene oder nicht vorhandene Gefährlichkeit von Strahlung kommen möchte, kann sich zu dem Thema mithilfe der Interphone-Studien informieren. Das sind international Fall-Kontrollstudien, die ein mögliches Risiko für die Entstehung von Hirntumoren durch den Gebrauch von Mobiltelefonen ermitteln sollen. Anhand dieser Studien aus dem Jahr 2010 kam die Weltgesundheitsorganisation WHO zu dem Schluss, intensive Handynutzung könnte möglicherweise krebserregend sein, die Forscher des National Cancer Institute konnten anhand der Studien kein erhöhtes Risiko durch Mobilfunkstrahlung feststellen. Wie das sein kann?
In der Untersuchung fand man zwar keinen generellen Zusammenhang zwischen Mobilfunk und Gliomen, jedoch war die Rate an Krebserkrankungen unter jenen Probanden, die über zehn Jahre hinweg täglich mehr als eine halbe Stunde mit dem Handy telefoniert hatten, leicht erhöht. Dieselbe Untersuchung zeigte andererseits auch, dass Leute, die täglich zwischen 15 und 30 Minuten telefonierten, sogar weniger Gliome entwickelten als solche, die das Mobiltelefon gar nicht nutzten. Ein höchst unklarer Befund also, der sehr leicht zufällig zustande gekommen sein könnte, genauso wie die Häufigkeit der Bisse durch Stofftiere. Eine lineare Beziehung zwischen Dosis und vermeintlicher Wirkung war in den Daten jedenfalls nicht zu erkennen. Ein weiterer Grund zum Zweifeln: Würde Handynutzung tatsächlich die Entstehung von Gehirntumoren fördern, müssten diese seit einigen Jahren vermehrt auftreten – das ist allerdings nicht der Fall.

Forum der Vollmond-Schlechtschläfer geht es allen genauso wie ihr. Ätsch.

»Das sind natürlich Argumente«, finde ich, »aber sieh dir doch mal das hier an«, und zeige auf eine Veröffentlichung der Max-Planck-Gesellschaft. Da steht beschrieben:

Es gibt mehrere Studien, die sich, basierend auf Daten aus früheren Schlafanalysen, mit dem Einfluss des Mondes auf unseren Schlaf beschäftigen. Die Ergebnisse sind allerdings alles andere als eindeutig, unter anderem deshalb, weil sie nicht immer mit objektiven Herangehensweisen, wie beispielsweise einem Schlaf-EEG, erhoben wurden. So waren bei manchen Studien eher der Frauenschlaf Opfer des Vollmondes, bei anderen wiederum die schlafenden beziehungsweise nicht schlafenden Männer. Es gibt Studien aus den Jahren 2013 und 2014, die beide eindeutig ergeben, dass der Vollmond den Schlaf beeinträchtigt und die Schlafdauer verkürzt. Die gleichen Studien kommen aber bei anderen Messungen zu sehr unterschiedlichen Ergebnissen, wie beispielsweise bei der Beobachtung der REM-Schlafphase: »*Beispielsweise wurde in einer der beiden Analysen gezeigt, dass das Einsetzen des REM-Schlafes – die Schlafphase, in welcher wir vor allem träumen – bei Neumond verzögert ist. In der anderen Studie wurde hingegen eine Verzögerung in Vollmondnächten festgestellt.*«

Diese Studien wurden mit einer sehr geringen Teilnehmerzahl geführt, nämlich zwischen 30 und 50. Um dem Zufall nicht zu viel Gewicht einzuräumen, wurde das Ganze mit einer deutlich höheren Teilnehmerzahl durchgeführt: 1265 Probanden in 2097 Nächten. Nach Auswertung dieser immensen Anzahl an Schlafdaten mussten die Wissenschaftler resigniert feststellen, dass sich frühere Ergebnisse nicht bestätigen ließen. Martin Dresler, Assistant Professor am Donders Institute for Brain, Cognition and Behavior in Nijmegen, Niederlande, fasst das so zusammen: »*Wir konnten keinen statistisch belegbaren Zusammenhang zwischen menschlichem Schlaf und den Mondphasen aufzeigen.*« Auch bei weiteren Analysen von über 200.000 Schlafdaten konnte kein Zusammenhang mieser Schlaf – voller Mond hergestellt werden.[19]

»Klingt doch auch ganz seriös, oder?«, schlage ich vor, aber Anne winkt ab: »Was gibt es denn für eine zuverlässigere Quelle als meine eigenen Erfahrungen? Ich WEISS doch, dass ich bei Vollmond schlecht schlafe!« Da hat sie natürlich recht – aber wie kommt so etwas zustande?

Gerne hätte ich für dieses Buch eine Langzeitstudie angefangen und Anne in jeder Vollmondnacht angerufen, um zu fragen, wie sie schläft. Beziehungsweise hätte ich sie jeden Morgen fragen müssen, aber Anne war dagegen. Daher diese völlig unspektakuläre Erklärung:

Mit der Schlaflosigkeit ist es, genau wie mit vielen anderen Dingen, die uns auffallen, so, dass sie völlig zufällig verteilt ist. Es passiert gelegentlich, man wacht morgens müde auf, streckt sich, guckt ein paarmal blöd und fängt dann den Tag an – und vergisst die Nacht. Manchmal bemerkt man aber beim Blödgucken, dass der Mond voll war, und schon malt man eine wunderschöne

---

19 https://www.mpg.de/8271794/schlaf_vollmond?filter_order=LT&research_topic=KG (abgerufen am 24.02.2019).

Zielscheibe um diese beiden Ereignisse. Und wenn das hin und wieder völlig zufällig passiert, verfestigt sich dieser Zusammenhang im Kopf. Das geht dann so weit, dass Sie bei Vollmond tatsächlich schlecht schlafen, weil Sie schon mit dieser Erwartung ins Bett gehen, wenn Ihnen am Abend auffällt, dass Vollmond ist. Somit hat der Mond dann tatsächlich einen Einfluss, aber eben nicht – er persönlich.

»Und die Geburten?« Das ist auch so ein Argument von Anne. »Bei Vollmond werden deutlich mehr Kinder geboren, das kann dir jede Hebamme bestätigen!«

Das stimmt natürlich – also zumindest, dass Hebammen das oft bestätigen. Und die sind schließlich vom Fach und müssen sich auskennen. Das Tolle an Geburten, außer den Babys und all dem, ist ja auch, dass sie recht penibel dokumentiert werden. Deshalb können Forscher aus großen Datenmengen schöpfen:

2008 wurde eine Studie veröffentlicht, in der über vier Millionen Geburten in Baden-Württemberg von 1966 bis 2003 ausgewertet wurden.[20] Eine Häufung von Geburten bei Vollmond war dabei nicht zu erkennen. Warum sagen die Hebammen das also?

Es passiert gelegentlich, dass die Hebamme eine anstrengende Nachtschicht hat, sie streckt sich, guckt ein paarmal blöd und fängt dann den Tag an – und vergisst die Nacht. Manchmal bemerkt sie aber beim Blödgucken, dass der Mond voll war, und schon malt sie

---

20 Kuss, Oliver und Kuehn, Anja: »Lunar Cycle and the Number of Births: A Spectral Analysis of 4,071,669 Births from South-Western Germany«. Acta Obstetricia et Gynecologica Scandinavica 2008, 87 (12), S. 1378f.

eine wunderschöne Zielscheibe um diese beiden Ereignisse. Und wenn das hin und wieder völlig zufällig passiert ... und so weiter.

Dieser Fehler, den wir alle machen, ist der Bestätigungsfehler. Eine Art Wahrnehmungsstörung, denn wir neigen dazu, diejenigen Informationen wahrzunehmen, die uns in unserer Meinung bestätigen – man könnte ihn auch »Siehst du!«-Effekt nennen, und der hält nun mal nichts von objektiven Quellen. Oder wie der schon erwähnte großartige Dr. rer. nat. Marcus Oettinger[21] so schön zu der Studie *Geburten bei Vollmond* sagt:

»Das Ergebnis überrascht nicht wirklich, wenn man sich vor Augen hält, dass der Unterschied zwischen Vollmond und Neumond lediglich die Richtung ist, aus der das Licht von der Erdoberfläche aus gesehen auf die Oberfläche eines Steinklumpens in der Nähe fällt (wer mir plausibel erklärt, wie dadurch eine Geburt ausgelöst werden sollte, kriegt einen Keks).«[22]

Mit meinen tollen Erkenntnissen komme ich übrigens in meinem Freundeskreis keinen Deut weiter: Koppi ist überzeugt, besonders häufig auf die Uhr zu sehen, wenn diese gerade eine Schnapszahl anzeigt, Jana ist sicher, dass sie besonders schnell einen freien Parkplatz ergattert, wenn sie ihn vorher ›visualisiert‹ hat, und Nadja pocht darauf, dass es IMMER in IHRER Warteschlange am längsten dauert. Sogar Dirk, der abgeklärte Businessman, hat mir mal

---

21 Falls Sie sich auch schon gefragt haben: Dr. rer. nat. heißt: *doctor rerum naturalium, Doktor der Naturwissenschaften*. Ich hab's gegoogelt.
22 https://vorlesung.oettinger-physics.de/script/friday13.html (abgerufen am 18.03.2019).

verschämt gestanden, dass er, wenn ein wichtiges Meeting ansteht, morgens seine ›Glückssocken‹ anzieht. Ich nehme mich da übrigens nicht aus. Wenn ich zu Hause etwas suche und es will einfach nicht auftauchen, spreche ich immer laut mit meiner Uroma. Sie möge mir bitte mit ihrem Adlerblick von da oben helfen, und ich schwöre Ihnen: Das klappt jedes Mal!

Sind Sie auch sicher, dass Sie bei Vollmond schlecht schlafen? Und Elektrosmog krank macht? Und früher war irgendwie alles besser? Ist das jetzt unangenehm, wenn wir hier erläutern, dass beides nur Ihrem Hirn entspringt? Da haben Sie sie wieder, die kognitive Dissonanz. Sie haben nun mehrere Möglichkeiten:

- Sie winken ab, das Buch ist der letzte Schund und ich habe eh keine Ahnung.
- Das mag zwar generell so sein, aber bei Ihnen trifft das nicht zu.
- Sie wenden sich etwas anderem zu – hat eigentlich in der letzten Zeit mal jemand hinter dem Kühlschrank geputzt?
- Sie erlauben sich das unangenehme Gefühl, ich könnte vielleicht recht haben.

8. Zielscheiben und Bestätigung

Hier ein Kasten, in dem Sie herumfuhrwerken können, wie Sie wollen:

Suchen Sie sich auch Bestätigung für Ihre bestehende Meinung?

....
....
....

Oder stellen Sie Ihre Einstellungen und Überzeugungen auch mal ernsthaft infrage?

....
....
....

Welche wären das? Wäre es sehr schlimm, wenn sich etwas als anders herausstellt, als Sie dachten?

....
....
....

9.
TUNNELBLICK

Die unangefochtene Expertin für den Bestätigungsfehler ist aber Jana, die hat es darin zu höheren Weihen gebracht. Darum heißt sie mit vollem Namen auch Tunnelblick-Jana.

Wenn Jana einmal beschlossen hat, dass die Person X eine Arschgeige ist oder, im Gegenteil, ein besonders reizendes Exemplar Mensch, dann bringt sie nichts, und zwar überhaupt nichts, von dieser Ansicht ab.

Wenn Sie es bei Jana verschissen haben, dann für immer, und wenn sie Sie ins Herz geschlossen hat, dann bleiben Sie dort auch, ob Sie wollen oder nicht.

Entscheidend ist dabei lediglich die Sympathie. Alles, was derjenige tut oder sagt, wird anschließend dahingehend interpretiert, dass es ins Bild passt.

Arschgeige sagt/tut:	Janas Erklärung:
»Du bist echt nett!«	Will sich einschleimen.
»Heute ist ein schöner Tag.«	Hat nichts zu sagen außer Small Talk.
»Ich töte in meiner Freizeit Robbenbabys.«	Siehst du? Eine Arschgeige eben!

Reizende Person sagt/tut:	Janas Erklärung:
»Du bist echt nett!«	Aaaaaawwww!
»Heute ist ein schöner Tag.«	Da weiß jemand das Leben zu genießen!
»Ich töte in meiner Freizeit Robbenbabys.«	Der/die meint das nicht so ...

Kennen Sie solche Leute? Da kommen Sie nicht gegen an – die kommen da noch nicht mal selbst gegen an. Jana hat es schon ein paarmal versucht, auch weil die Arschgeige zum Beispiel der neue Freund ihrer Freundin Nadja war – aber es hilft alles nichts! Selbst wenn sie beschließt, dass jeder eine zweite Chance verdient hat und dass sie nochmal bei null anfängt und die Arschgeige ganz unvoreingenommen noch mal kennenlernt. Schließlich tut der oder die irgendetwas, was Janas Augen sofort so rollen lässt, dass sie ihr beinahe in den Hinterkopf fallen. Er bestellt zum Beispiel im Restaurant Thunfisch – OBWOHL DOCH JEDER VOLLIDIOT WEIß, DASS DER VOM AUSSTERBEN BEDROHT IST! Tue ich genau das Gleiche, ist es ihr – natürlich – vollkommen egal. Beziehungsweise fällt es ihr überhaupt nicht auf. Ich dürfte vermutlich sogar Massenvernichtungswaffen an Schurkenstaaten verschieben, Jana würde immer noch eine gute Entschuldigung für mich finden. Das ist zum einen wahnsinnig reizend, nämlich mir gegenüber, aber eben auch sehr, sehr ungerecht den vermeintlichen Arschgeigen gegenüber.

Bei anderen fällt einem so etwas natürlich viel leichter auf als bei sich selbst. Während ich innerlich grinsen muss, wenn ich Jana dabei beobachte, wie sie Argumente sammelt, warum XY tatsächlich so unmöglich ist, wie sie ihn oder sie findet, bin ich gleichzeitig vollkommen überzeugt davon, dass alle Exfreundinnen von L. unter aller Kanone sind. Und zwar natürlich nicht, weil sie Exfreundinnen von L. sind und ich eine eifersüchtige, komplexbeladene, armselige Wurst bin, sondern ich habe jede Menge Argumente, die das belegen! Ich glaube, eine von denen isst sogar Thunfisch ...!

Und wissen Sie was? Die Neue von meinem Ex ist zufällig auch IMMER eine Nullnummer – und auch das kann ich Ihnen argumentativ einwandfrei darlegen ...

Manchmal, und zwar wenn der Schmerz noch frisch ist, braucht man Freundinnen, damit sie einem genau das bestätigen: Dass der Exfreund ein Vollidiot ist und dass einem die Nachfolgerin vom Ex in keinerlei Hinsicht das Wasser reichen kann, und zwar bei Weitem nicht!

Ist der Schmerz irgendwann vorbei, sollte man das irgendwie in den Griff kriegen, denn natürlich ist der Exfreund nie allein schuld am Beziehungs-Aus (bis auf meiner) und natürlich ist die Neue mitnichten immer doof (nur die von meinem).

Ich habe das so mittel im Griff, was so viel heißt wie: Ich behaupte, ich hätte überhaupt nichts gegen die betreffenden Damen, und freue mich gleichzeitig wie ein Schnitzel, wenn irgendjemand eine von ihnen blöd findet. Das Wissen darum, dass das irgendwie nicht okay ist, erzeugt bei mir so eine gewisse kognitive Dissonanz und ich werde sie nur los, indem ich ...

- mir bestätige, dass ich völlig richtigliege und es sich um eine Reihe doofer Nüsse handelt (kann ich doch nichts dafür!),
- nachsichtig ein Auge zudrücke, wenn es um mich geht,
- ... lassen Sie mich in Ruhe, ich muss noch hinter dem Kühlschrank putzen ...!

Kurz gesagt, mein innerer Clown hält nicht so viel von mir und freut sich über eine Aufwertung meiner Person durch die Abwertung von anderen. Ein sympathisches Kerlchen.

Völlig unbeabsichtigt und nebenbei hat sich das aber bei der neuen ›Neuen‹ geändert – und mir ist erst hinterher aufgefallen, dass dabei auch zwei kognitive Verzerrungen am Werk waren.

Und das ging so:

Kaum waren der Ex und die Neue ein Paar geworden (und es war WIRKLICH kurz nach unserer Trennung, die Zeichen standen also nicht gut für sie), traf ich einen alten Freund des Ex. Als die Sprache auf den Ex kam, erzählte er mir, dass die Neue mich total gern mag – sie findet mich sympathisch, sie liebt meine Bücher – und dass es sie freuen würde, mich besser kennenzulernen, sie aber auch etwas unsicher mir gegenüber sei. Ja nu'. Versuchen Sie da mal, *keine* Sympathien zu entwickeln.

Als wir uns schließlich kennenlernten, machte sie gleich das Nächste total richtig: Sie bat mich um einen Gefallen. Jetzt nicht um einen Gefallen à la »Kannst du mir bitte meine neue Website überarbeiten?«, sondern etwas ganz Schlichtes. Ich traf sie nämlich zufällig auf der Straße, vor einem türkischen Supermarkt, und in der linken und der rechten Hand hatte sie jeweils ungefähr acht Tüten mit ... Zeug. Wir hatten zuvor nie mehr als ein, zwei Sätze miteinander gesprochen, aber als ich bei ihrem Anblick grinsen musste, fragte sie plötzlich: »Meinst du, du könntest mir kurz hochtragen helfen? Ich wohn gleich um die Ecke ...«, und noch während ich kurz stutzte, schob sie hinterher: »Hey, kein Problem, wenn das gerade nicht passt ...« Und schon fand ich mich selbst blöd und griff nach dem Tütenknäuel. Im dritten Stock ohne Aufzug blieben wir außer Puste vor ihrer Türe stehen und sie bedankte sich überschwänglich. »Und, kann ich dir wenigstens was zu trinken anbieten?«, und da saßen wir dann in ihrer Küche vor selbst gemachter Limonade, und als ich aus ihrer Wohnung wieder herauskam, war sie außer ›die Neue‹ eben noch etwas anderes geworden: Francesca. Und die ist, ich muss es zugeben, wirklich nett.

Die zwei Verzerrungen, die da so schön Harmonie erzeugten, waren, waren:

1. Der Liking Bias (etwa: der Ich-mag-dich-Denkfehler)
   Der Liking Bias sagt: Wir handeln nach Sympathie. Wer äußerlich attraktiv ist, uns in Bezug auf kulturelle Herkunft, Hobbys und Weltanschauung ähnelt und vor allem: wer *uns* sympathisch findet, den mögen wir wiederum auch (und sind viel geneigter, ein Produkt zu erwerben). Verkäufer weltweit haben das natürlich längst für sich entdeckt, und ein besonders schönes Beispiel beschreibt Rolf Dobelli in seinem Buch

9. Tunnelblick

Die Kunst des klaren Denkens anhand von Joe Girard, der als der erfolgreichste Autoverkäufer der Welt gilt. Der sagte: Nichts funktioniert besser, als den Kunden glauben zu machen, dass man ihn wirklich mag. Und Dobelli weiter: »Sein Killerinstrument: Ein monatliches Kärtchen an sämtliche Kunden und Ex-Kunden. Darauf steht ein einziger Satz: *I like you.*«[23] Das ist vielleicht etwas amerikanisch und drüber, aber ich kenne das nur zu gut: Wenn mir ein Verkäufer oder eine Verkäuferin sympathisch ist, dann kaufe ich praktisch alles. Ich unterstelle sympathischem Verkaufspersonal nämlich gerne, dass sie es gut mit mir meinen, was ein fataler Fehlschluss ist. Ich weiß das. Trotzdem: Steht vor mir so ein Typ gütiger Gottesvater, mit Lachfalten und Charme, der nett ist und sich gut ausdrückt, und wenn ich dann noch den Eindruck habe, er kann mich gut leiden, dann kaufe ich dem ab, was immer er für richtig hält. Er weiß schon, was gut für mich ist, und will nur mein Bestes. Ja genau, Pustekuchen. Wenn es um größere Anschaffungen oder Entscheidungen geht, kann ich eigentlich in dem Moment, in dem ich mein Verkaufsgegenüber erblicke und für sympathisch befinde, direkt wieder umdrehen, denn da wird keine vernunftgesteuerte Entscheidung dabei rauskommen.

---

23 Dobelli, Rolf: *Die Kunst des klaren Denkens: 52 Denkfehler, die Sie besser anderen überlassen*, Hanser Verlag, München: 2011, S. 89.

2. Der Benjamin-Franklin-Effekt

Der besagt, dass uns jemand sympathischer wird, wenn wir ihm oder ihr helfen. (Wohlgemerkt nicht andersherum.) Das Experiment aus dem Jahr 1969 von J. Jecker und D. Landy dazu ging so:[24] Sie arrangierten mit Versuchspersonen ein Experiment, bei dem diese am Ende einen hübschen Geldbetrag gewannen. Im Anschluss ließen sie den Versuchsleiter ein Drittel der Personen um die Rückgabe des Geldes bitten, mit der Aussage, sie täten ihm damit einen persönlichen Gefallen. Er hätte nämlich sein eigenes Geld in das Projekt gesteckt und sei nun so gut wie pleite. Ein Drittel der Personen wurde von der Sekretärin gefragt, ob sie ihr gewonnenes Geld dem Institut spenden wollten, da dieses knapp bei Kasse sei, und das letzte Drittel wurde um gar nichts gebeten und fungierte somit als Kontrollgruppe. Das wirkliche Experiment begann erst nach dieser Inszenierung, denn im Anschluss sollten die Versuchspersonen bewerten, wie sympathisch ihnen der Versuchsleiter war. Hätten Sie mich tippen lassen, ich hätte darauf getippt, dass diejenigen, die vom Versuchsleiter um den persönlichen Gefallen gebeten wurden, ihre sauer verdiente Asche wieder abzugeben, nur weil er seine Finanzen nicht im Griff hat, selbigen am unsympathischsten fanden. Aber genau das Gegenteil war der Fall: Die erste Gruppe fand ihn mit Abstand am sympathischsten!

---

24 Jecker, J. und Landy, D.: »Liking a Person as a Function of Doing Him a Favor«. *Human Relations*, 1969, 22, S. 371–378.

Der Grund dafür ist wieder die kognitive Dissonanz (ich liebe die kognitive Dissonanz, merkt man das?), also diese ungute Spannung, die immer dann entsteht, wenn sich unsere Handlungen nicht so ganz mit unseren Überzeugungen decken. Wenn Sie also einerseits jemandem Geld schenken, obwohl Sie andererseits der Person höchstens neutral gegenüberstehen, wird Ihr Hirn, das die Handlungen Ihres Clowns permanent verfolgt, es so hindrehen, dass diese ungute Spannung aufhört. Es verändert einfach das, was Sie fühlen (nämlich mehr Sympathie), und schaltet den Konflikt damit aus. Raffiniert, was? (Das Gegenteil funktioniert natürlich auch: Wenn wir jemandem etwas Böses antun, wird unser Gehirn denjenigen abwerten, um das irgendwie vor sich zu rechtfertigen. Das geht im Extrem bis zur Entmenschlichung, wenn Opfer als ›Untermenschen‹, wie beim Holocaust, oder als Polacken oder Froschfresser etc. bezeichnet werden.)

Dass die Forscher den Effekt nach Benjamin Franklin benannt haben, kommt daher, dass dieser schon zu seiner Zeit (1706–1790) die Maxime vertrat: *Derjenige, welcher dir einmal eine Freundlichkeit erwiesen hat, wird eher bereit sein, dir eine weitere zu erweisen, als der, dem du selbst einmal gefällig warst.*

Frei nach Benjamin Franklin probiere ich mein neu erworbenes Wissen an dem Abend an Jana und Anne im Café Einstein aus. Wir sitzen dort mindestens einmal die Woche und tauschen Neuigkeiten und Befindlichkeiten aus, begutachten andere Gäste und schauen regelmäßig zu tief ins Glas. »Die neue Kellnerin«, raune ich Anne zu, »die hat mir gesagt, dass sie dich total nett findet.« Anne sieht zu der blassblonden Studentin, die ein paar Tische weiter ein paar Gläser abräumt. »Echt?«, wundert sie sich. »Ich kenne die doch gar nicht!«

»Ja,« nicke ich, »aber wir haben letztens kurz geplauscht und sie meinte, ich wäre doch immer mit meiner netten Freundin da ... und mit dir«, grinse ich Jana an, die süßsauer lächelt. Anne freut sich, das ist ihr anzusehen. Als besagte Kellnerin vorbeikommt, strahlt sie sie liebenswürdig an: »Könnte ich noch so eine hervorragende Weinschorle haben, bitte?«, und die Blassblonde strahlt zurück: »Herzlich gerne!«

Das kann nicht sein, dass das so einfach ist, oder? Das Wissen, dass uns jemand mag, macht uns so freundlich, dass unser Gegenüber automatisch ebenso wohlwollend reagiert – habe ich da den Beginn einer wundervollen Freundschaft gelegt?

»Und, Jana?«, stupse ich sie in die Seite, »weißt du, was Nadjas Freund letztens erzählt hat?« Jana nippt an ihrem Glas. »Was denn?«

»Dass er es beeindruckend findet, wie du durchgestartet bist mit deiner Firma, und dass er gerne mit dir befreundet wäre«, versuche ich es, aber Jana zieht nur eine Augenbraue hoch. »Der Affenarsch«, grummelt sie – aber wie gesagt, Jana ist eine harte Nuss.

Hier ein Kasten, in dem Sie herumfuhrwerken können, wie Sie wollen:

Welchen Menschen gegenüber haben Sie einen Tunnelblick?
....
....
....

Was stört Sie an denen? Wenn jemand, den Sie mögen, sich so verhalten würde, wäre das dann auch so schlimm? Sind Sie manchmal ungerecht? Wann?
....
....
....

Wäre es schöner, wenn das anders wäre?
....
....
....

Welche Anstrengung wäre dafür nötig?
....
....
....

10.
HALO-EFFEKT

Haben Sie sich und Ihren Clown schon ab und an wiedererkannt? Leider hat der Clown noch mehr Tricks auf Lager. Eng verwandt mit dem Tunnelblick ist der Halo-Effekt. Halo ist nicht nur *Hallo* falsch geschrieben, sondern auch das englische Wort für Heiligenschein. Auch dabei handelt es sich um eine kognitive Verzerrung (ich hab mir da was verzerrt …).

Wir neigen dazu, so heißt es, beliebigen Personen aufgrund einer einzigen überstrahlenden Eigenschaft automatisch ein ganzes Bündel an anderen Eigenschaften zu unterstellen. Ist die alles überstrahlende Eigenschaft ein phänomenales Übergewicht, wird zum Beispiel gerne Faulheit und fehlende Disziplin unterstellt. Von Soldaten, die eine stramme Körperhaltung haben, glauben ihre Vorgesetzten, dass sie besser schießen können, und wenn Sie das Glück haben, äußerlich attraktiv zu sein, haben Sie eh schon gewonnen: Die Welt hält sie automatisch für erfolgreicher, intelligenter, freundlicher und zufriedener als die anderen Leute. Deswegen finden wir es in Filmen zum Beispiel auch so überraschend und interessant, wenn ein Charakter dem nicht entspricht, also wenn ein total sympathischer, freundlicher, gut aussehender und gebildeter Typ eiskalt mordet oder sich die hässliche, bucklige Hexe mit dem bitterbösen Blick als die wahrhaft Gute herausstellt.

Wie alle anderen Denkfehler auch, die uns allen gemein sind, ist das völlig normal. Wir teilen die Welt nun mal schnell in Schubladen, sonst kämen wir ja auch zu nichts mehr. Man kann ja nicht bei jedem Menschen, mit dem man zu tun hat, den großen Fragenkatalog rausholen.

Schubladen sind praktisch. Sie helfen uns durch die Welt und das machen sie auch prima – aber sie haben auch ein wirklich mieses Image. Auch deswegen sagen Leute häufig, sie lassen sich nicht gerne in eine Schublade stecken, was nichts hilft, denn wir machen das trotzdem, und zwar in die Schublade mit ›Leute, die nicht in eine Schublade gesteckt werden wollen‹, mit den Unterkategorien ›total individuell‹, ›wären gerne kreativ oder sind es‹ und ›eher linksliberal als rechtsbehämmert‹.

Im Urlaub ist das sogar ein netter Zeitvertreib. Wenn Ihnen langweilig ist und Sie nichts Besseres zu tun haben, setzen Sie sich ruhig mal mit einem Eis auf die Strandpromenade und erzählen Ihrer Urlaubsbegleitung, welche Leute an Ihnen vorbeischlendern. Andere nennen es lästern, ich nenne es kreatives Storytelling. Das funktioniert so gut wegen dieser Stereotype, die wir angelegt haben. Je nachdem, wie wir diese Stereotype dann bewerten, werden die zu positiven oder negativen Vorurteilen. Das ist auch alles kein Problem, denn in der Regel lassen die sich ja, wenn nötig, überprüfen und gegebenenfalls korrigieren (außer bei Jana, wie gesagt).

Einzige Ausnahmesituation: Wenn wir bis über beide Ohren verliebt sind. Dann ist uns jede objektive Auseinandersetzung mit dem Gegenüber völlig unmöglich und eine Korrektur ausgeschlossen, wir sind sozusagen vorübergehend behindert. Deswegen bringt es auch überhaupt nichts, die Freundin darauf aufmerksam zu machen, dass sie gerade eventuell den Traumprinzen mit dem Pferd verwechselt. Die sieht seine Grübchen und es ist vorbei – der Kerl könnte wiehern, sie würde es nicht merken. Da kann man nur abwarten und sanft den Aufprall vorbereiten, mehr ist nicht zu machen.

Aber auch, wenn wir nicht gerade auf rosa Wolken schweben, ist es fast unmöglich, dem Halo-Effekt zu entgehen. Er ist der Grund, warum wir zum Beispiel der völlig irrwitzigen Annahme unterliegen, ein prominenter Fußballspieler, eine Schauspielerin oder ein Comedian kenne sich besonders gut mit Versicherungen, Stromanbietern oder Kaffee aus! Wenn Sie es so lesen, finden Sie es auch komisch, oder? Aber wenn dann im Fernsehen Werbung läuft und Lukas Podolski von einem Mobilfunkanbieter schwärmt, ist das gar nichts Besonderes.

Wer Weltmeister werden kann, kann halt auch sonst alles – so oder so ähnlich muss das in unserem Hirn aussehen, und das macht uns auch zu so leichten Opfern. Wer nett ist, sympathisch, gute Umgangsformen hat und gut gekleidet ist, dem sprechen wir noch zu, aktiv, kompetent, ehrlich und intelligent zu sein. Ganz krass ist das immer vor Wahlen zu sehen. Da überwerfen sich die Politiker schier vor Freundlichkeit und Nettigkeit, um möglichst sympathisch zu sein – immer in der Hoffnung, man glaubt dann auch, dass sie ein substanzielles Wahlprogramm haben. Hochstapler gäbe es ohne den Halo-Effekt gar nicht. Haben Sie sich auch schon mal nach einem Zeitungsbericht über so jemanden gefragt, wie es nur sein kann, dass intelligente Menschen solchen Leuten problemlos Geld, Autos, Häuser und egal was sonst noch hinterherschmeißen? Während der Autoverkäufer bei Ihnen um die Ecke erst mal eine Kopie Ihres Führerscheins, Ihres Kontostandes und die Geburtsurkunden ihrer Kinder sehen will, bevor er Sie den neuen Smart Probefahren lässt? Der Schein, den Hochstapler verbreiten, blendet sogar Profis.

Der Halo-Effekt bringt uns nicht selten in Teufels Küche – er ist die Täuschung, die wir selbst schaffen. Stellt sich dann heraus, dass die Person X dem nicht entspricht, werden wir ent-täuscht. Eigentlich eine gute Sache, so gesehen, wenn man ent-täuscht wird. Leider handelt es sich aber bei der Täuschung um Vorschusslorbeeren, und wenn die abfallen, ist das nun mal kein Grund, eine Flasche aufzumachen.

Eine meiner persönlichen Lieblingseigenschaften von Leuten ist zum Beispiel Großzügigkeit. Die schätze ich mit am meisten von allem, was Menschen so zu bieten haben. (Damit meine ich nicht nur Geld, sondern auch Zeit, Aufmerksamkeit, Liebe und ihr WLAN. Aber schon auch Geld.) Wenn jemand gerne teilt, was er hat, liegt er bei mir schon ganz weit vorn, und weil ich Großzügigkeit so sympathisch finde, halte ich prompt diejenigen Menschen, die mir sympathisch sind, für großzügig. Ohne dass die sich jemals zu dem Thema geäußert hätten. Stellt sich dann heraus, dass es sich bei dem Sympathieträger um jemanden handelt, der knickrig ist wie der Teufel, bin ich total irritiert.

Wenn andersherum das Erste, was ich von einem Menschen erfahre, ist, dass er großzügig ist, gehe ich auch automatisch davon aus, dass es sich um ein feines Exemplar der Gattung Mensch handelt – dabei kann das die größte Knalltüte des Jahrhunderts sein!

Einteilen kann man diese Art Irritation in zwei Bereiche:
1. Jemand, den man großartig findet, hat eine Eigenschaft, die man unterstellt, *nicht*, und:
2. Jemand, den man großartig findet, hat eine echt beschissene Eigenschaft, mit der man nicht gerechnet hat.

Genauso, wie ich ›sympathisch‹ in Verbindung bringe mit ›großzügig‹, bringe ich auch noch jede Menge andere Eigenschaften miteinander in Verbindung, die überhaupt nicht zwingend Hand in Hand gehen müssen. Da wären zum Beispiel:

sympathisch	großzügig
extrovertiert	tolerant
hochgewachsen	sportlich
freundlich	ehrlich

Und das geht natürlich auch in die andere Richtung, sogar noch viel besser. Also sobald ich jemanden unsympathisch finde oder er eine frappierend negative Eigenschaft hat (Geiz zum Beispiel), unterstelle ich auch gleich noch, derjenige oder diejenige ist:

10. Halo-Effekt

störrisch, bösartig, habsüchtig, gierig, gefühllos, ängstlich, frech, dumm, heimtückisch, grausam, hochnäsig, streitsüchtig, misstrauisch, zynisch, unberechenbar, fanatisch, abhängig, aggressiv, nervös, ängstlich, eingebildet, offensiv, nicht anpassungsfähig, arrogant, voreilig, schadenfreudig, chaotisch, charakterlos, undiszipliniert, egoistisch, eruptiv, unstabil, rücksichtslos, manipulativ, hasst Kinder und Tiere – und isst Thunfisch.

Das hat dann auch einen eigenen Namen und heißt ›Horn Effect‹, also Teufelshörner-Effekt. Daher finde ich es auch völlig verstörend, wenn sich jemand, der sich zum Beispiel rassistisch äußert, total warmherzig um Straßenhunde kümmert, für Obdachlose engagiert und obendrein witzig ist. Da schüttelt es meinen innerlichen Clown förmlich. Erstaunlicherweise ist das Assoziieren von angenehmen oder unangenehmen Eigenschaften auch nicht zu korrigieren, obwohl einen die Erfahrung ja ständig eines Besseren belehrt. Wenn man darum weiß, fällt einem aber öfter auf, dass ›es‹ gerade wieder passiert, und dann hat man die Möglichkeit, den seriösen Herrn im Anzug auf den Plan zu rufen. Anzeichen dafür, dass Sie einem Ihrer Mitmenschen die Teufelshörner aufgesetzt haben, können sein:

- Sie hinterfragen jede seiner Aussagen kritisch.
- Sie bewerten Taten und Worte von vornherein negativ.
- Sie hatten gleich zu Beginn einen ›schlechten Eindruck‹.
- Sie unterstellen negative Eigenschaften oder Defizite, ohne dass es dafür einen objektiven Anhaltspunkt gibt.
- Sie legen jedes Wort auf die Goldwaage.
- Sie sind geneigt, dem Getratsche Dritter über die Person Glauben zu schenken.

Gibt es da jemanden? Vielleicht hat diese Person Ihre Missgunst gar nicht verdient. (Vielleicht ist es aber auch eine Arschgeige erster Güte, natürlich, dann nichts für ungut).

Dass der Teufelshörner-Effekt Menschen auseinanderbringt, mag nicht weiter verwundern, aber ich sag Ihnen was: Wenn Sie Ihr Gegenüber für das Sahnehäubchen der Schöpfung halten, schafft das genau die gleiche Distanz.

Das Sahnehäubchen in meinem Leben war Julia. Also zunächst war sie nur Julia, ohne Sahnehäubchen. Wir lernten uns während unserer wirklich kurzen Studienzeit kennen – ich war ungefähr vier Wochen lang Studentin, sie hielt immerhin zwei Wochen länger durch. Dieser wenig rühmlichen und offensichtlichen Gemeinsamkeit folgten weitere: Wir hatten eine Schwäche für die gleichen Autoren, für Meeresfrüchte und Mojitos und für lange Nächte, in denen wir die Probleme der Welt lösten. Zumindest theoretisch. Julia ist ungemein gescheit. Sie weiß viel und denkt geradlinig und logisch, sie ist rhetorisch eine Wucht und hat einen derart trockenen Humor, dass einem schon mal die Spucke wegbleibt. Was wir außerdem gemein haben, ist eine gewisse Affinität zum geschriebenen Wort. Schon als wir beide erfolgreich das Studium schmissen, hatte Julia ihre Schreibtischschublade voll mit selbst verfassten Essays und Kurzgeschichten, Romanentwürfen und Notizen für zukünftige Bücher. Nichts davon war fertig, geschweige denn veröffentlicht, was ungefähr genau dem Zustand meiner selbst verfassten Gedichte, Kurzgeschichten und Notizen entsprach, die in meiner Schreibtischschublade wohnten. Auch dieses Problem lösten wir in langen Nächten, zumindest theore-

10. Halo-Effekt

tisch. Jahre später, als wir schon lange nicht mehr in derselben Stadt wohnten und nur noch sporadisch Kontakt hatten, passierte, womit keine von uns gerechnet hätte: Beide hatten wir einen echten, lebenden Verlag gefunden, der unser Zeug veröffentlichte! Es war nicht aufregend, sondern UNFASSBAR AUFREGEND.

Für jede von uns hatte sich ein Traum erfüllt und eigentlich wäre das ein perfektes Happy End, aber es ist ja immer anders und immer ein bisschen komplizierter, als man denkt.

Sosehr sich unser Produkt von außen ähnelt: Cover, Seiten aus Papier, Inhaltsangabe, so unterschiedlich ist das, was sich auf diesen Seiten befindet. Julia schreibt literarisch Wertvolles. Texte, die Preise gewinnen, sogar solche, bei denen man Geld bekommt! Sie wird von namhaften Kritikern gelobt und erscheint in Feuilletons und kann das auch aussprechen. Sie schreibt gesellschaftskritisch, auch Theaterstücke und sogar Monografien – ich hingegen weiß noch nicht mal, was eine Monografie ist.[25] Sie schreibt Bücher, die ich nie schreiben könnte, und ich vergöttere sie. Ich bin nicht mit einer Faser meines Seins eifersüchtig auf ihren Erfolg, sondern gönne ihn ihr von Herzen und bin wirklich beeindruckt von dem, was sie schafft. Zu beeindruckt.

Ich bin so derartig von ihr beeindruckt, dass, wenn wir uns sehen, eine Wand aus Bewunderung zwischen uns steht. Das letzte Mal trafen wir uns bei einem ihrer spärlichen Besuche in der alten Heimat, und als sie so vor mir saß, war ich irgendwie gehemmt. Unsicher.

---

25 Falls es Ihnen auch so geht, ich habe nachgesehen: Eine Monografie ist eine Abhandlung über einen Gegenstand oder ein Thema. Zum Beispiel die Musik von Bach oder das Phänomen Uber.

Das ist mein persönlicher Halo-Effekt, und er ist – hinderlich. Meiner Erfahrung nach ist es meistens am besten, die Dinge auszusprechen, und als wir das nächste Mal telefonieren, sagte ich es ihr: »Julia«, kündige ich an, was jetzt kommt: »Ich finde dich wahnsinnig toll.«

»Danke«, freut sie sich und will weitererzählen, was auf der Buchmesse los war, aber ich unterbreche sie gleich wieder: »Nein, ich meine, ich finde dich *zu* toll.«

Schweigen.

Da wurde mir plötzlich klar: »Nein! So meinte ich das nicht! Ich bin nicht in dich verknallt oder so!«

Erleichtertes Ausatmen.

Julia findet es komisch bis erheiternd, dass ich sie zu toll finde. Sie findet sich nämlich überhaupt nicht toll, sondern ganz normal, höchstens mittel, an schlechten Tagen sogar ungenügend – so, wie sich eben alle fühlen.

»Das schmeichelt mir zwar«, gibt sie zu, »aber hey – ich bin die mit dem Putzfimmel. Und erinnerst du dich? Mir wachsen Haare auf den Zehen!«

»Stimmt,« muss ich lachen, »ich erinnere mich«, und dann zählt Julia noch ein paar Dinge auf, zum Beispiel ihre unbegründeten Eifersuchtsattacken, die für permanenten Ärger in ihrer Beziehung sorgen, ihren Hang zur Dramatik im Allgemeinen und ihre verschieden großen Brüste, die nach außen schielen – ganz normale Dinge eben. »Schon gut!«, rufe ich ins Telefon. »Ich hab's schon verstanden!«

Ist sie nicht toll?

10. Halo-Effekt

Hier ein Kasten, in dem Sie herumfuhrwerken können, wie Sie wollen:

Malen Sie anderen Menschen einen Heiligenschein?
Sind Sie dann enttäuscht, wenn die doch Macken haben?
....
....
....

Und Teufelshörner? Gibt es da jemanden? Was sind die guten Seiten dieser Person?
....
....
....

Wollen Sie ändern, wie Sie Leute sehen?
....
....
....

Welche Anstrengung wäre dafür nötig?
....
....
....

11.
ICH BIN VERHANDELBAR

Wenn man dem Clown solche Dinge abkauft wie ›Du bist nicht gut genug‹ und das auch nicht korrigiert, ergibt sich daraus gleich noch ein Strauß unschöner Nebeneffekte.

Die sind einem mitunter gar nicht so bewusst und manchmal braucht es ein Ereignis von außen, damit einem überhaupt erst auffällt, dass da schon wieder etwas suboptimal läuft.

In meinem Fall war das Ereignis nur ein Satz, ausgesprochen von einer alten Bekannten, die sich nach einer feuchtfröhlichen Runde im Café Einstein verabschiedete. Es war schon spät, wir standen alle auf der Straße vor dem Café, es wurde sich hin und her gebusselt und gewunken und für das nächste Mal verabredet, und dann fragte eine der anwesenden Damen:

»Ich schaue jetzt noch ein, zwei Folgen *House of Cards*, will eine mitkommen?«

Das war nicht der Satz, den ich meinte.

Der Satz, den ich meinte, war die Antwort, die von meiner alten Bekannten kam:

»Nee, ich geh jetzt noch eine Runde laufen …«

Alle anwesenden Damen verstummten und blickten sie mit großen Augen an. »Wie, laufen?«, fragte prompt die Erste, »… zu Fuß? Wohin denn, um Gottes willen?«

Und da lachte die alte Bekannte und erklärte, sie habe sich das vorgenommen heute und sie hätte nicht gedacht, dass wir so lange sitzen würden, und nun sei es zwar spät, aber versprochen ist versprochen. Drehte sich um und ging. Da waren wir platt. Kaum war sie um die Ecke, ging es auch schon los. Von »Alter, hat die einen an der Murmel?« bis »Vielleicht ist sie auf Drogen« war alles dabei. Es konnte sich einfach keine vorstellen, dass jemand ohne den Einfluss von geistigen Krankheiten oder bewusstseinsverändernden Substanzen auf das schmale Brett kommt, nach einem lustigen Abend die Joggingschuhe anzuziehen und um den Block zu rennen. Ich war genauso verdutzt wie alle anderen, und dann auch noch etwas anderes, nämlich wahnsinnig beeindruckt.

Ich bin generell schon wahnsinnig beeindruckt, wenn irgendjemand joggen geht, einfach weil ich es mir unter normalen Umständen schon nicht erklären kann, dass man das ohne den Einfluss von geistigen Krankheiten oder bewusstseinsverändernden Substanzen hinbekommt. Aber das Ganze nach einem lustigen Abend anzuleiern – also das potenziert diese Unvorstellbarkeit ins Unermessliche. Aber abgesehen davon, dass es sich um Rennerei zu später Stunde handelte, war ich beeindruckt von dem Teil ›versprochen ist versprochen‹.

Das klang gerade so, als hätte sie es jemand anderem versprochen, denn sich selbst – also sich selbst gegenüber ist man da ja nicht so konsequent … Warum auch, man muss sich ja noch nicht mal selber anrufen, um eine Abmachung abzusagen, und hat außerdem uneingeschränkt Verständnis für sich.

Einer Freundin gegenüber würde man nicht so leicht absagen. Was würde die wohl von einem halten, wenn man ständig Termine nicht einhält, verschiebt oder ganz platzen lässt ... wenn man ihr dauernd Versprechungen machen würde, die man nicht hält, und sie selbst bei Dingen, die ihr wichtig sind, immer wieder vertröstet? Wenn man mit echt lauen Ausreden daherkäme, um nicht zu Verabredungen zu erscheinen, einfach weil man keinen Bock hat? Und wenn wir ihr obendrein versprechen würden, dieses Projekt anzugehen, mit ihr eine neue Sprache zu lernen, die Wohnung zu streichen, eine Südamerikareise zu machen oder eine neue Stelle zu suchen – und das dann einfach nicht machen, sondern im Sande verlaufen lassen würden?

Würde sie uns respektieren, uns vertrauen und sich auf uns verlassen? Würde sie viel von uns halten? Nope. In ihren Augen würden wir ein ziemlich erbärmliches Bild abgeben, vermutlich würde sie noch nicht mal mit uns befreundet sein wollen. Und wer könnte es ihr schon verübeln? Oder stellen Sie es sich andersherum vor: Was halten Sie von einer Freundin, die sich Ihnen gegenüber so verhält? Nicht viel, was?

Sie sehen, worauf es hinausläuft: Wir behandeln uns in einer Art und Weise, wie es uns bei anderen nie in den Sinn kommen würde. Sich selbst respektieren, gut zu sich sein, sich selbst lieben und der ganze Schmu sind zwar schöne Worte, aber unsere Taten formen unser Leben – und unser Selbstbild.

11. Ich bin verhandelbar

Stellen Sie sich mal vor, wie es wäre, wenn Sie jedes Versprechen, das Sie sich geben, tatsächlich halten müssten. Koste es, was es wolle. Oder wenn Sie alles, das Sie sich vornehmen, unbedingt durchziehen müssten. Wenn es keine Entschuldigung mehr gäbe. Wie vorsichtig wären wir damit und wie genau würden wir uns überlegen, ob wir uns dies oder jenes vornehmen? Sehr genau. Es würde plötzlich unfassbar still – und die To-do-Liste sehr kurz. Gute Vorsätze fielen auf das zurück, das wir wirklich unbedingt wollen, und alles, was mit ›Eigentlich sollte ich ...‹ beginnt, wird geprüft, ob wir das wirklich machen wollen. Und wenn die Antwort ›Ja‹ ist, müssten wir dementsprechend handeln, einfach weil man sich selbst gegenüber ein Versprechen gegeben hat und man sich selbst nicht bescheißen sollte. Das ist schwer. Wir sind es uns ja noch nicht mal wert, uns zu essen zu geben, wenn wir Hunger haben, oder Wasser, wenn wir durstig sind. Das kann man verschieben, nicht wahr?

Und wenn wir noch so müde sind – schlafen geht nun mal gerade nicht, es steht ja der Abgabetermin, die Buntwäsche, die Erledigung von Dingsbums an oder man befindet sich gerade mitten in einem Meeting, da kommt so etwas auch schlecht an. Während der Arbeit eine Pause einzulegen, weil man erschöpft ist, erlauben wir uns nicht, und die Blase ist zwar voll, aber auf die Toilette gehen muss man sich jetzt noch kurz verkneifen, weil ... Suchen Sie es sich aus, irgendwas ist immer. Und Sie sind zwar krank und schlapp und fühlen sich nicht gut, aber das Wichtigste ist doch: Können Sie sich irgendwie so medikamentieren, dass Sie zumindest in der Arbeit funktionieren?

Kinder sind dahingehend zu beneiden, die pochen unmissverständlich auf die Erfüllung ihrer Bedürfnisse, und wenn dem nicht nachgegeben wird, gibt es ein Riesengeschrei. Und als Eltern begehen wir dann das Verbrechen und versuchen, ihnen das auszutreiben.

Wir sollten auch viel öfter ein Riesengeschrei für uns machen, dann hätte unser Körper es nicht nötig, komische Beschwerden zu ersinnen, damit man ihm endlich ein bisschen Aufmerksamkeit schenkt.

Da können wir noch so viele Wellnesswochenenden hinterherschieben, erst mal sollten wir die Basics hinbekommen:

- essen, wenn man hungrig ist,
- trinken, wenn man durstig ist,
- schlafen, wenn man müde ist,
- im Bett bleiben, wenn man krank ist,
- ausruhen, wenn man erschöpft ist,
- und halten, was man sich verspricht.

Wenn wir das nicht schaffen, dann tun wir nichts anderes, als unserem Clown permanent zu bestätigen, was der eh schon lange weiß: Wir sind es einfach nicht wert.

Es fängt bei den kleinen Dingen an. Wie bei meiner Sache mit der pappsüßen Zitronenlimonade. Wenn ich mir vornehme, die in Zukunft stehen zu lassen, und mir dann schnöde Argumente suche, um es doch nicht zu tun, tue ich nichts anderes, als mir selbst zu bestätigen, dass man mich einfach nicht ernst nehmen kann.

Ich bin die Person, der gegenüber ich Versprechen nicht halte und der ich Termine kippe, wenn sie nicht passen, die ich nicht anständig versorge, deren Bedürfnisse ich nicht beachte und die sich nicht auf mich verlassen kann. Ich bin mir die schlechteste Freundin der Welt. Das ist doch Mist.

Beziehungsweise: Wer kann es dem Clown denn schon verübeln, wenn er daraus schließt, dass er vollkommen richtigliegt mit dem Bild von einem? Lustig ist, wie er reagiert, wenn wir genau das ändern – das irritiert ihn dann nämlich total. Meiner zumindest ist vollkommen durchgedreht:

Als ich beschließe, mir selbst etwas mehr Respekt zu zollen, auf mich Rücksicht zu nehmen und mich besser zu behandeln, ist zunächst noch Ruhe im Karton. Der seriöse Herr im Anzug hält eine Ansprache an alle Beteiligten (mich) und ich beschließe: Ab jetzt weht ein anderer Wind. Was soll ich sagen? Bei der aller-, aber auch wirklich allerersten Gelegenheit, bei der mein neuer Beschluss

... weil ich es mir wert bin![26]

in die Tat umgesetzt werden soll, dreht der Clown in mir durch. Es ging, ganz banal, ums Essen:

Währenddessen, was eigentlich meine Mittagspause sein sollte, musste ich am Schreibtisch vor dem Computer sitzen, zwei, drei Dinge, die unbedingt erledigt gehörten, und zwar eigentlich bis gestern, ließen mich nicht gehen – und kurz darauf stand schon

---

26 Ich weiß, das ist der Slogan einer allseits bekannten Kosmetikfirma (ja, L'Oréal). Was soll ich machen? Ich bin ein Kind der Werbung!

ein Termin an (Steuerberater, juhu!). Die erste und somit letzte Mahlzeit des Tages war also das Frühstück gewesen, und das bestand aus einem Kaffee, und die nächste Mahlzeit des Tages könnte frühestens nach dem Termin beim Steuerberater stattfinden. Das macht insgesamt sechs Stunden, die mein Magen alleine verbringen muss, und damit war er überhaupt nicht einverstanden. Ein Müsliriegel zwischendurch konnte ihn auch nicht beruhigen und wenn ich nun endlich mal ernst machen würde mit meinen Vorsätzen, dann blieben genau zwei Optionen:

1. Den Steuerberater-Termin verschieben.
2. Die dringende Arbeit liegen lassen.

Und die zwei Gedanken waren noch nicht fertig gedacht, da sprang auch schon der Clown aus der Kiste und machte mich rund: »Und das alles, weil Madame hier schön beim Italiener einkehren möchte!!?«

Hätte ich nicht so höllisch aufgepasst und wäre wie sonst auch im Autopilot durch den Tag geeiert – ich hätte prompt auf ihn gehört. Es wäre eventuell auf eine Nussschnecke/eine Leberkässemmel/einen Döner rausgelaufen, den ich schnell vom Weg von der Arbeit zum Steuerberater in der U-Bahn runtergeschlungen hätte. Ich hätte mich – und wenn es blöd gelaufen wäre, auch diverse Mitreisende – voll Soße oder Brösel gekleckert und es kann sogar sein, dass ich auch einfach gar nichts gegessen hätte. Aber aufgrund des neuen Beschlusses fuhr ich den Rechner runter, um mit meinem Magen essen zu gehen. Während der gesamten Antipastiplatte mammelte der Clown vor sich hin: *Das Fräulein lässt es sich also gut gehen, während dringend X und Y erledigt werden müssen, na, du kannst es dir wohl leisten, das ist ja wie bei Königs zu Hause, scheint ja nicht so wichtig zu sein, die Arbeit – also nicht so wichtig wie die Befindlichkeit von Frau Reinwarth zumindest – na ja, ...*

Aber wissen Sie was? Es fühlte sich trotzdem richtig gut an. Es kann auch ein bisschen an dem Glas Wein gelegen haben, aber je zufriedener mein Magen wurde und je mehr ich vor mir selbst überzeugt war, *dass ich mir das wert bin* – desto ruhiger wurde ich und die Clownstimme in meinem Kopf verstummte. Ich ging beschwingt, irgendwie aufrechter, und mit dem Gefühl, genau richtig entschieden zu haben. Der Rest vom Tag konnte kommen. Und alles andere auch.

Fakt ist: Es fühlt sich gut an, sich gut zu behandeln – man muss es nur tun. Auch wenn zu Beginn ein durchgeknallter Clown einen zu überzeugen versucht, das hätte man nicht verdient. Es dann durchzuziehen, signalisiert ihm: »Doch! Und jetzt halt die Fresse.«

Verschiedene Dinge haben diesen Effekt. Essen, wenn man hungrig ist, gehört dazu. Aber auch, sich vor Leuten zu schützen, die einem nicht guttun. Sport zu treiben, sich gesund zu ernähren, den Stress nicht überhandnehmen zu lassen und das eigene Wohlbefinden über irgendwelche Verpflichtungen und Konventionen zu stellen. So zeigt man sich selbst, dass man wichtig ist. Es ist nämlich gar nicht selbstsüchtig, sich um sich selbst zu kümmern, es ist lebensnotwendig – wer soll es denn sonst tun?

Apropos ... das ist auch so ein Denkfehler ...

**Hier ein Kasten, in dem Sie herumfuhrwerken können,
wie Sie wollen:**

Welche Bedürfnisse unterdrücken Sie regelmäßig?
....
....
....

Warum?
....
....
....

Was wäre nötig, um das zu ändern? Gibt es etwas Gutes, das Sie sich gern zukommen lassen würden? Was wäre das? Und wären Sie bereit, sich ein Versprechen zu geben, das Sie unbedingt einhalten müssen?
....
....
....

12.
JEMAND MUSS SICH UM MICH KÜMMERN

Du, und nur du, bist für dein Glück verantwortlich
Das ist auch so ein Spruch, der vor irgendeinem Sonnenuntergang in Aquarellfarben auf Facebook gepostet wird.
»Sag bloß!«, möchte man da sagen und gelinde mit den Augen rollen. Ich meine, genauso gut könnte man schreiben:
Die Erde ist rund.
Oder:
Wasser macht nass.
Oder ...

Sie verstehen das Prinzip. Ich glaube, es gibt niemanden, der diesem Sinnspruch nicht zustimmen würde – also allen dreien. Aber in echt verhält es sich mit diesem Spruch so ähnlich wie mit den allgemeinen Datenschutzbestimmungen: Jeder winkt gelangweilt ab und macht ein Häkchen dahinter, aber wenn dann nach einem Onlinekauf eines Staubsaugers plötzlich personalisierte Werbung für Staubsaugertüten eintrudelt, ist das Staunen groß.

12. Jemand muss sich um mich kümmern

besten nicht verstanden hat das meine Mutter, die obigen Spruch zwar auch sofort unterschreiben würde, die aber auch gleichzeitig am Tag ihrer Hochzeiten (ja, mehrere) nonverbal zum Ausdruck brachte:

»Bitte schön, herzlichen Glückwunsch, hier bin ich – und jetzt sieh zu, wie du mich glücklich und zufrieden bekommst!« In meiner Vorstellung hat sie dabei die Arme vor der Brust verschränkt. Mein Vater, ebenso wie die darauffolgenden Gatten, gingen angesichts dieser Aufgabe irgendwann in die Knie. Kein Wunder, ist ja auch kein Klacks, sich darum zu kümmern, dass jemand anders eine glückliche Person wird – also völlig unmöglich. Daran sind sie alle gescheitert und wurden im Laufe des Versuchs sogar richtig ärgerlich, einfach weil sie sahen, dass sie es nicht hinbekommen – wie auch? Das war für das Ego fatal, genauso wie die Idee zu Beginn der Ehe, sie könnten die Mutter glücklich machen, dem Ego geschmeichelt hatte. Die Mutter verharrte in ihrer abwartenden Haltung und wenn es nicht so lief, wie sie es sich vorgestellt hatte, fing sie an, vorwurfsvoll und demonstrativ zu leiden. À la: »Jetzt sieh nur, was du angerichtet hast! So schlecht geht es mir jetzt!« Die Mutter hat das professionell auf die Spitze getrieben und verschiedene körperliche Beschwerden entwickelt, deren Auftreten ebenfalls eng mit dem Betragen der Gatten verknüpft war.

Zugegeben nicht die beste aller Taktiken, aber jeder, wie er kann.

Weil ich die Mutter mitsamt ihren verzweifelten Männern während meiner Jugend vor Augen hatte, war ich mir sicher, dass ich gegen diesen Fehler geimpft wäre. Ich, und nur ich, bin für mein

Glück verantwortlich! Und dann kam mir irgendwie das Leben dazwischen. Es ist einfach so passiert, ich habe nur kurz nicht aufgepasst! ›Zack!‹ hat es gemacht, und ich hatte plötzlich eine Wohnung, ein Kind und eine Steuererklärung, und dann saß ich eines Tages im Café Einstein und habe mich beschwert:

Dass mein beknackter Chef daran schuld ist, dass ich nicht genug Geld verdiene, dass die beknackte Kindheit schuld ist, dass ich mich nicht traue, ihm das zu sagen, dass Häagen-Dazs schuld ist, dass ich diese verflixten fünf Kilo nicht loswerde, dass unsere Gesellschaft mit ihrem Wertesystem schuld ist, dass ich unzufrieden bin und dass mein Partner schuld ist – dass ich nicht glücklich bin. Oh. Und dann fiel es mir selbst auf. Etwas war hier völlig aus dem Ruder gelaufen.

Als L. und ich ein Paar wurden, fanden wir uns eine ganze Zeit lang einfach nur unfassbar toll. Wir bewunderten, wie der andere war, und waren überrascht von all den liebenswürdigen Facetten, die wir im Laufe der Zeit so entdeckten. Also zu Beginn. Dann begann die Zeit, in der man auch die weniger liebenswürdigen Facetten entdeckt. »Ah, DAS gehört also auch zu dir.«

L. zog nach kurzer Zeit bei mir zu Hause ein und im täglichen Miteinander teilten wir uns bald die anfallenden Nickeligkeiten des Alltags auf: Wer bringt den Müll runter, wer kümmert sich um den TÜV-Termin, wer macht den Wocheneinkauf, wer macht die Wäsche? Und das ganze Zeug. Jeder von uns übernahm gewisse Funktionen, das beobachte ich auch bei allen anderen Paaren, es scheint ein probates Mittel zu sein, den Alltag hinzubekommen. Wie die Rädchen eines gut gestimmten Uhrwerks greifen da die Kompetenzen und Aufgaben ineinander. Wenn zum Beispiel die Nachbarn zum Grillen einladen, herrscht die klassische Verteilung: Nachbar am Grill, Nachbarin bereitet derweilen Salate in der Küche. Die Getränke werden von ihr gereicht, sie deckt den Tisch, er füllt den Kühlschrank außen mit Bier. Lustig wird es, wenn die Kompetenzen sich in die Quere kommen. Zum Beispiel ist es ihre Aufgabe, Salz und Pfeffer und Soßen auf den Tisch zu stellen (Department Tisch decken), aber der Nachbar hat eine ausgeprägte Macke, was Pfeffer betrifft: In der Nachbarsküche gibt es Pfeffer-Cuvée geschrotet, es gibt Red Dhofar, Tasmanischen Bergpfeffer und Assam Langpfeffer, der an einem Strunk klebt und eine Stunde lang im Gaumen bitzelt. Außerdem natürlich das, was Sie und ich so an Pfeffer zu Hause haben. Welcher jeweils kredenzt wird, hängt von Faktoren ab, die ich nicht verstehe (und auch sonst niemand, auch nicht die Nachbarin), also ist Pfeffer-Auftischen seine Sache.

Wenn Sie mit denen gemütlich im Garten unter einem Baum sitzen und in Ihr Kotelett beißen wollen und es gibt keine Gewürze, dann rennt sie los, um Salz zu holen (Department Tisch decken), und er rennt hinterher, um Pfeffer zu holen (Department Pfeffer).

Das nur, um Ihnen zu zeigen, wie klar wir die Aufgaben im Zusammenleben mit unserem Partner umreißen. Wenn man zusammenlebt, ergibt sich das einfach irgendwie. Es macht ja auch vieles einfacher, weil man sich nicht mehr wegen jedem Handgriff absprechen muss. Wenn man jeden Tag ausdiskutieren muss, wer den Müll runterbringt, schmeißt man ihn irgendwann aus dem Fenster (und zwar nicht nur den Müll).

Wir funktionieren also in unserem Gefüge, haben unsere Aufgaben und unsere Rollen. Ohne dass ich es groß bemerkt hätte, kamen im Laufe des Zusammenlebens noch einige andere Funktionen hinzu. So war L. zum Beispiel derjenige, der sich um die sozialen Kontakte kümmern musste (Damenabende ausgenommen), und ich war zuständig für die sozialen Kontakte des Kindes.

Auch in emotionalen Belangen waren wir für verschiedene Dinge zuständig: Ich war (unter anderem) dafür zuständig, L. aufzumuntern, wenn er vom Leben eine übergezogen bekam, und L. war (unter anderem) – mein Fels. Ich habe ein Fusselhirn und bin unter Umständen leicht chaotisch, mache mir Gedanken um hundert Dinge gleichzeitig und manchmal vergesse ich dabei, wo Norden ist, und verzettele mich. Da hilft so ein Fels ungemein.

Seit immer habe ich diese Vorstellung von meinem Mann, dass er ein Fels sein muss. Nicht so groß, nicht so schwer, aber Sie wissen, was ich meine. Unverrückbar, sicher in meiner Fusselhirn-Brandung und immer verfügbar, um sich an ihm zu orientieren. Im Laufe der Jahre habe ich mich daran gewöhnt, dass L. dahingehend funktioniert. Es ist sein Job! Genauso, wie den TÜV-Termin im Auge zu behalten. Dass das vielleicht nicht ausschließlich großartig ist, habe ich bemerkt, als sich Hummel von seinem Freund getrennt hat. »Weißt du«, sagte Hummel, nachdem er schon viel anderes zuvor gesagt hatte, »ich war bei uns beiden immer der Vernünftige. Er war der lebenslustige Guck-in-die-Luft und mein Part war aufzupassen, dass er nicht völlig abdrehte und zumindest mit einem halben Bein auf dem Boden blieb. Aber ich wäre auch mal lieber der lebenslustige Guck-in-die-Luft! Ich will nicht immer aufpassen müssen, sondern auch mal der Verrückte sein.«

Eine richtige Befreiung wäre die Trennung gewesen, sagte Hummel, denn nun sei er diese Rolle los, die er nie haben wollte und aus der er auch nie herauskam. Wenn man derartig gut ›zusammenpasst‹, wie zwei Hälften eines Kreises … dann hat keiner von beiden die Chance, sich zu verändern, zu wachsen. Denn dann würde man ja nicht mehr so gut zusammenpassen, es würde etwas holpriger rollen. Ich habe das mal für Sie höchst professionell illustriert:

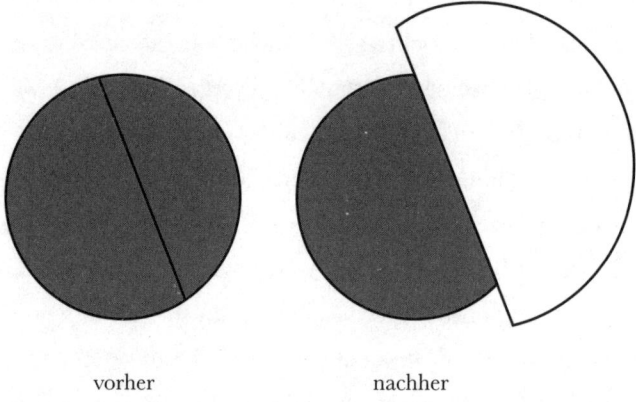

vorher   nachher

Man hält sich gegenseitig klein, wenn man den anderen nicht aus seiner Rolle herauslässt. Dass diese Rollen nicht in Zement gegossen sind, kann man beobachten, wenn sich Leute nach einer Trennung in die Freiheit oder eine neue Beziehung begeben: Da haben sie, je nach der Dynamik mit dem neuen Partner, unter Umständen plötzlich eine ganz andere Rolle. Also, wer früher die Partymaus mit dem umsichtigen Freund war, entwickelt sich vielleicht mit ihrem Neuen, dem diesjährigen Ballermannkönig, zu einer deutlich bodenständigeren Version ihrer selbst.

Wenn ich an dieser Stelle noch mal kurz an diesen jungen Gott mit Motorrad und Gitarre erinnern darf – der, der so gut küsste; Sie erinnern sich? –, dann erinnere ich mich auch daran, dass ich damals die Besonnene war, denn sein Hirn war einfach noch um einiges fusseliger als meins. Wie man aus dieser Nummer herauskommt? Ich weiß es nicht – mir hat ein Zufall geholfen.

Im Zuge des letzten Buchprojekts[27], das aus den Fugen geriet und zu einem echten Lebensprojekt wurde, sind L. und ich auseinandergezogen. Er ist trotzdem oft da und wir verbringen Zeit zusammen, aber eben auch ohneeinander. Aber darum soll es auch gar nicht gehen. Sondern darum:

An einem der ersten Frühlingsmorgen, als L. ausgezogen war, stand ich mit geschlossenen Augen und meinem Kaffee in der Terrassentür und genoss die wärmende Sonne. Ich dachte daran, wie gut das alles lief. Ich bekam meinen Alltag ganz hervorragend gemeistert, der Müll stapelte sich nicht im Wohnungsflur, ich brachte das Kind in den Kindergarten, arbeitete hervorragend vor mich hin und wusste sogar, wann der nächste TÜV fällig war (August).

Aber vor allem hatte ich das alles selbst gemacht. Ich stand in der Sonne und wusste: Ich kann das alles alleine, auch das Glücklichsein – ich bin nicht darauf angewiesen, dass jemand anders Funktionen für mich erfüllt. Niemand muss ein Fels sein für mich, ich brauche gar keinen Felsen – ich brauche höchstens jemanden, der die Kaffeemaschine repariert.

---

27 Reinwarth, Alexandra: *Das Leben ist zu kurz für später. Stell dir vor, du hast nur noch ein Jahr – ein Selbstversuch, der dein Leben verbessern wird*, mvg Verlag, München: 2018.

Das ist ein wunderschönes Gefühl von Freiheit. In dem Moment, in dem ich weiß, dass es in meiner Macht steht, mich glücklich zu machen – und dass ich das auch hinkriege – also, da fühle ich mich wie die Königin der Welt.

Der völlig zu Recht höchst umstrittene indische Guru *Osho* (formerly known as *Bhagwan*) hat zu seinen Jüngern (Sannyasins, die mit den roten Klamotten) über genau dieses Gefühl gesprochen. Die suchten nämlich bei ihm nach dem Schlüssel zum Glück:

Er unterstellt, dass wir die Verantwortung für uns selbst nicht übernehmen wollen und das eben von anderen verlangen – die Wurzel allen Unglücks: »*Es gibt keine Möglichkeit für jemand anderen, dich von deinem Unglück zu befreien. Es gibt keine Möglichkeit für jemand anderen, dich glücklich zu machen.*«

Verantwortung klingt deutlich unangenehmer als Freiheit, aber es sind zwei Seiten der gleichen Medaille. Um keines von beiden übernehmen zu müssen, denn angst kann einem bei beidem werden, wenden sich Leute gerne an jemand anderen, und geben dort beides ab, die Verantwortung und die Freiheit. Osho beschreibt das so: »*Und weil ihr denkt, andere seien für euer Unglück verantwortlich, gibt es Scharlatane, sogenannte Erlöser, Botschafter Gottes, Propheten, die zu euch sagen:* ›*Ihr müsst überhaupt nichts tun, ihr müsst nur mir nachfolgen. Glaubt an mich, und ich werde euch retten. Ich bin euer Hirte, und ihr seid meine Schafe.*‹ Osho wundert sich, dass sich niemand über diesen Vergleich Hirte-Schafe aufregt und sich beleidigt fühlt, dass sich alles so auf Jesus Christus und den Glauben an ihn fixiert. Tatsächlich ist er der Überzeugung, dass es nie-

manden braucht, der uns erlöst und so jemanden a[n die Hand]
gegeben hat: »*Alle Erlöser sind nur Pseudoerlöser.*« D[iese Pseudo]
erlöser kann es wiederum nur geben, weil wir einfachen Gemüter
uns jemanden wünschen, der uns rettet, der uns eben erlöst –
quasi eine Frage von Nachfrage und Angebot.[28]

Hat was, oder? Es ist auch so verlockend, die Verantwortung für das eigene Unglück abzuwälzen. Damit machen wir aber auch unser Glück von anderen abhängig, denn beides ist untrennbar miteinander verbunden.

Ob das anstrengend ist? Natürlich ist es das – aber niemand hat gesagt, es gäbe hier irgendwas für umme.

Genauso befreiend wie das Wissen, dass man selbst für sein Glück verantwortlich ist, ist die Erkenntnis, dass man nicht für das Glück von anderen Leuten verantwortlich ist.

Zum Beispiel für das seiner Eltern. Bezeichnenderweise sind es selten beide Elternteile gleichzeitig, für deren Glück man sich verantwortlich fühlt, was hervorragend ist, denn daran kann man sehen, dass es nicht an unserer verschrobenen Einstellung liegt, wenn das passiert – sondern an dem Gefühl, das man von diesem Elternteil vermittelt bekommt. Es ist eine Rolle, in die man gedrängt wird, nicht aus bösem Willen, aber mit erstaunlicher Vehemenz.

---

28   https://www.osho.com/de/read/osho-times/other-myself/you-are-responsible (abgerufen am 18.02.2019).

12. Jemand muss sich um mich kümmern

Bei meinen Elternexemplaren ist das recht anschaulich anzusehen. Sie leben getrennt voneinander und der eine Part ist gesundheitlich sehr, sehr schwer angeschlagen. So schwer, dass wir so einen Lifta-Treppenlift kaufen mussten, zusätzlich zu einem Profi-Pflegebett und allerlei Accessoires aus dem Sanitärfachgeschäft, die ein gefahrloses Duschen gewährleisten, sauteuer sind und trotzdem scheiße aussehen. Dieser Part kann sich nicht viel länger als 30 Minuten auf Ihren Besuch konzentrieren, und wenn Sie ihn fragen, wie es ihm geht, wird er sagen: »Ich kann nicht klagen.«

Die andere ist gesundheitlich ebenfalls angeschlagen, hat verschiedene starke Schmerzen, und die täglich, kann sich und ihren Hund aber alleine versorgen und kann sich, mit kleinen Pausen, den ganzen Tag mit Ihnen unterhalten. Beide sind auf ihre Art ganz wunderbar, und das Lustige ist: Verantwortlich für das jeweilige Wohlbefinden fühle ich mich nur bei der mit dem Hund.

Es kommt nämlich gar nicht so sehr auf den tatsächlichen Zustand des Elternteils an, sondern auf das Gefühl, das man vermittelt bekommt. Und es kommt auch gar nicht darauf an, ob gejammert wird oder nicht. Eltern können sich lauthals beschweren über Widrigkeiten und Gebrechen oder die Ungerechtigkeit des Lebens oder darüber, dass man nicht öfter anruft, und sie können völlig zu Recht jammern über den Schmerz hier und die Prognose dort. Ob und wie sehr Eltern so etwas tun, ist nicht wichtig, also nicht dafür wichtig, ob man ein permanentes schlechtes Gewissen hat und meint, man müsse irgendetwas tun. Wichtig ist, ob sich der oder die Betreffende selbst als Verantwortliche für sein oder ihr Leben fühlt – oder eher nicht.

12. Jemand muss sich um mich kümmern

Bei Menschen mit der Angewohnheit, das Glück (und die Schuld für Unglück) bei anderen zu suchen, sickert das ganz automatisch zu einem durch und in eine/n hinein. Der innere Clown bekommt das bewusst gar nicht mit, aber er nimmt das, so wie alles andere auch, einfach auf – und dann haben wir den Salat. Ich kann mich erinnern, dass ich schon als Kind total froh war, als meine Mutter wieder geheiratet hat – einfach, weil ich dann nicht mehr alleine für ihr Glück verantwortlich war.

Falls Ihnen das irgendwie bekannt vorkommt, hier ein paar Merkmale, anhand derer man erkennt, dass Leute für ihr Glück oder Unglück nicht die Verantwortung übernehmen, sondern immer mit dem Außen erklären – und vom Außen erwarten:

- Sie bedauern sich für das, was man ihnen angetan hat, und begründen damit, dass sie deswegen so sind, wie sie sind. Häufiger Satz: »Ich bin halt so.«
- Sie machen die Enttäuschungen und seelischen Wunden der Vergangenheit dafür verantwortlich, dass sie heute nicht glücklich sind.
- Für Beziehungsprobleme sind die schwierigen Eltern verantwortlich, die sich vielleicht getrennt, gestritten oder nur um sich selbst gekümmert haben.
- An Alkohol- oder anderen Suchtproblemen ist die Kindheit schuld.
- Dass sie nichts lange durchhalten, kommt von der geringen Willensstärke.

sind nur deswegen so empfindlich, leicht verletzbar und leicht gekränkt, weil sie nie geliebt worden sind.
- Und Probleme mit Kollegen, Freunden, dem Chef oder dem Partner sind immer deren Problem. Schuld sind immer die anderen.

Und so weiter. Damit macht man sich selbst zum Opfer. Zu einem Opfer, das eine perfekte Entschuldigung in der Hand hat, warum es einem schlecht geht, und vor allem, warum man daran leider, leider nichts ändern kann. Da bleibt nur, die Hände in den Schoß zu legen und sich zu bedauern. Man kann sogar sauer werden, die Vergangenheit beklagen, neidisch sein auf andere, die bessere Bedingungen hatten, und sich so das Leben versauen.

Wenn man die Verantwortung für sich in andere Hände legt, fühlt man sich nämlich hilflos, machtlos und noch einige andere Dinge, die auf ›-los‹ enden.

»Du mit deinem Psychozeugs immer«, schüttelt Dirk den Kopf, als er bei einer Runde Schafkopf[29] bei uns zu Hause am Küchentisch sitzt. Wie eigentlich immer, lasse ich mein privates Umfeld an meinen Projekten teilhaben, ob es will oder nicht, und auch wie immer geben die Beteiligten dazu schlaue Kommentare (L., Jana) oder minder schlaue Kommentare (Dirk) ab.

Und dann ist es just Dirk, der, wenn auch unfreiwillig, einen bombigen Vergleich findet für diese Sache mit der Verantwor-

---

29 Schafkopf ist in diesem Fall kein fragwürdiges Gericht, sondern ein Kartenspiel.

tung: Jana gewinnt nämlich die Runde (wie meistens) und als sie ihre Karten aufdeckt, entfährt es ihm: »Das darf ja wohl nicht wahr sein! Du hast mit DEN Karten gewonnen?« Hat sie. Dirk hatte ein wesentlich besseres Blatt auf der Hand, aber es kommt eben nicht darauf an, was wir mitbekommen haben, sondern darauf, was wir damit machen. Ein schlechter Spieler kann auch mit guten Karten verlieren, sie sind kein Garant für ein gutes Spiel – mit bester Gesundheit, Attraktivität und einem Vermögen können sie trotzdem depressiv und unglücklich und unfrei sein. Auf der anderen Seite können aber auch Menschen mit einem schweren Schicksal ein erfülltes und glückliches Leben führen.

Wenn Eltern(teile) das nicht hinbekommen, fühlt man sich als zuständiges Kind schuldig, verantwortlich und – schlecht. Wir wollen ja nur das Beste für sie und wir wollen, dass sie glücklich sind und aus diesem Kuddelmuddel an Gefühlen kommt man so leicht nicht heraus. Vielleicht hilft auch Ihnen der Gedanke, dass es rein technisch überhaupt nicht möglich ist, jemand anderen glücklich zu machen, egal, wie sehr wir es versuchen. Deswegen können wir diese Verantwortung getrost abgeben, sie führt zu nichts. Egal, wie alt Ihre Eltern sind, sie werden lernen, für sich selbst zu sorgen. Das heißt nicht, dass man nicht einen Lifta-Treppenlift, ein offenes Ohr, Mitgefühl, den Wocheneinkauf oder was sonst gerade benötigt wird anbieten sollte – tun Sie alles, was Sie können. Nur die Verantwortung übernehmen, das können Sie eben nicht. Machen Sie Ihrem Clown das klar.

Hier ein Kasten, in dem Sie herumfuhrwerken können, wie Sie wollen:

Wer ist für Ihr Leben und Ihr Glück verantwortlich?
....
....
....

Gibt es jemanden, der Sie für sein/ihr Lebensglück verantwortlich macht? Wäre es schöner, nicht so zu fühlen?
....
....
....

Was wäre nötig, um das zu ändern?
....
....
....

13.
THE SELF-SERVING BIAS

Übersetzt heißt *Self-Serving Bias* etwas holprig: *selbstwertdienliche Verzerrung*. Es ist eine Art Lieblingsspielzeug unseres Clowns und auch wenn man sich darunter noch überhaupt nichts vorstellen kann, ist anhand von einem einzigen Beispiel sofort klar, was gemeint ist:

Lasse ich zu Hause ein Glas fallen, fallen mir dazu mehrere Dinge ein:

- Ich bin aber auch verschlafen heute.
- Die Gläser sollten irgendwo stehen, wo das nicht so leicht passiert.
- Wenigstens war es eins von den billigen.
- Das ist heute einfach nicht mein Tag ...

Lässt L. zu Hause ein Glas fallen, denke ich mir:
- Hättest du halt besser aufgepasst!

Und manchmal, wenn wir uns gerade nicht so wohlgesonnen sind, schiebe ich gedanklich noch ein ›Trottel‹ hinterher.

The Self-Serving Bias erklärt also, warum man selbst nie schuld ist. Anders gesagt, wenn etwas spitzenmäßig läuft, beziehen wir das gerne auf unsere offensichtlich großartigen Fähigkeiten, wenn etwas nicht läuft, machen wir äußere Umstände dafür verantwortlich. Fragen Sie Anne mal, warum sie drei Mal (!) die Führerscheinprüfung vergeigt hat – da kommt alles:

- Der Prüfer hatte sie auf dem Kieker.
- Die anderen Verkehrsteilnehmer waren blöd.
- Bei Regen sieht man nun mal weniger …
- Und dann hat auch noch dieser Radfahrer bla, bla, bla …

Wenn das nicht reicht, hat sie bestimmt noch etwas an dem Automodell auszusetzen …

Das passiert nicht nur Anne, sondern uns allen am laufenden Band. Jedes Mal, wenn zum Beispiel die Vermutung geäußert wird, eine Beförderung oder Bevorzugung von Mitbewerbern oder Kolleginnen ist lediglich auf die Beischlaf-Bereitschaft der Begünstigten zurückzuführen, handelt es sich allerhöchstwahrscheinlich um die selbstwertdienliche Verzerrung. Eine Entschuldigung für unser klägliches Selbst, wenn wir es nicht hinbekommen haben (aber jemand anders schon). Dirk, der Freund von L., kann Ihnen so sein ganzes Leben erklären:

Das Abitur hat er nicht, weil ein Lehrer ihn nicht ausstehen konnte. Seine Ausbildung hat er nicht fertig gemacht, weil der Chef so ein Arschloch war. Aus seinem Job haben sie ihn geschmissen, weil – Achtung! – er zu gut war! Und den neuen Job hat er nicht bekommen wegen der Frauenquote. Nee, is klar. Es ist permanent irgendjemand schuld: Der Vermieter hat ihn rausgeschmissen, weil er ein Profitgeier ist – und nicht etwa, weil Dirk nur sporadisch die Miete zahlte, und seine Freundin hat ihn verlassen, weil sie »eine blöde Kuh« ist. Mit ihm scheint das nichts zu tun zu haben. Dirks ganzes Leben ist eine Verkettung von Ungerechtigkeiten gegen seine Person. Wenn man Dirk so zuhört, denkt man, das müsste ihm ja selbst mal auffallen, tut es aber nicht. Wenn man Dirk sagt, dass er wohl nie an irgendetwas schuld ist, wird man sofort aufgefordert, ein Beispiel zu nennen. Egal, womit Sie dann kommen, er findet tausend Argumente, die ihn bestätigen. Alles, was nicht klappt, hat seinen Grund im Außen. Das ist so anstrengend ...

Gleichzeitig tut Dirk genau das, was in der lexikalischen Beschreibung der Self-Serving Bias steht: *Erfolge werden hingegen inneren Ursachen zugeschrieben.*

Also, wenn er dann einen Job bekommt, dann liegt es natürlich an seiner Wahnsinnsperformance beim Bewerbungsgespräch und seinen beeindruckenden Kenntnissen auf allen Fachgebieten. Habe ich schon erwähnt, dass es anstrengend ist mit Dirk?

Interessanterweise ist er mit dieser Strategie auch nicht sehr erfolgreich, und zwar egal, in welchem Bereich: Dirk hat nach einigen Jobs im Managementbereich, für die er so mittel geeignet war, die Leitung eines Restaurants übernommen. Für alles, was mit Essen und Trinken zu tun hat, wäre er nämlich ganz hervorragend geeignet, fand Dirk. Das war auch insofern richtig, da er beides mit großem Einsatz tat, aber der Teil mit dem Managen – well. Es lief nicht gut, sagen wir es so. L. und ich waren einige Male dort und es lief wirklich nicht sonderlich gut. Der Service war elend langsam und auch nicht besonders freundlich, das Essen war toll, bis auf den Nachtisch, und im Barbereich war ein riesiger Wasserfleck an der Wand. Auf dem Weg in den Essbereich musste man an einer Ecke vorbei, in der Getränkekisten und Papierhandtücher lagerten, und diese Kombi machte alles so ein bisschen schmuddelig. Dirk setzte sich zu uns und beklagte sich. Die Kellner wären zu blöd, sich die Bestellungen zu merken, die Köche taten, was sie wollten, und der Wasserfleck käme von einem Schaden aus der Wohnung obendrüber. Die Hausgemeinschaft müsse das reparieren, aber es tut sich nichts. Das improvisierte Lager – nun, es gibt eben keinen anderen Platz und vielleicht wäre eine Art Raumteiler ganz gut, aber er, Dirk, hat gar keine Zeit für so was. Je länger Dirk redete, desto unruhiger wurde L. neben mir. Gleich explodiert er, dachte ich, und genau so kam es dann auch. L. weiß nämlich haargenau, von was Dirk spricht, er schlägt sich selbst den lieben langen Tag mit vergesslichen Kellnern, sturen Köchen und allerlei Unbill herum, denn L. hat seit zwei Jahren ein kleines Bistro – und einen völlig anderen Ansatz, die Dinge zu sehen:

»Wenn deine Kellner es nicht schaffen, sich eine Bestellung vom Tisch bis zum Tresen zu merken, dann musst du dir überlegen, was du zu tun hast, damit sie es schaffen«, findet L. »Und wenn du jeden einzelnen Bewegungsablauf vorschreibst und ihnen eintrichtern musst oder ob du ihnen die Benutzung von einer Bestell-App beibringst, es ist deine Aufgabe, das zu tun. Und wenn sie das mit der App nicht können, dann musst du dich fragen: ›Was hast du falsch gemacht, dass sie es nicht können‹?, und ihnen helfen, so lange, bis sie es können.«

Dirk sieht ihn verwundert an – so hat er die Dinge vermutlich noch gar nicht gesehen. »Wenn du den Laden managst, dann ist das alles deine Verantwortung, die Kellner, der Nachtisch und der beschissene Fleck an der Wand, das ist deine Aufgabe!«

Dirk hat das mit der Restaurantleitung dann ziemlich bald wieder gelassen. Die Location war einfach nicht gut genug, fand er. Wenn es nur ETWAS besser gelegen wäre ...

Die Wissenschaft sagt, wir tun das (Dirk tut das), weil wir vor uns selbst ein positives Selbstbild verteidigen müssen. Ich sage, ich kenne sogar noch eine Untergruppe, und das sind die, die es genau umgekehrt handhaben: Also an allem, das nicht klappt, sind sie selbst schuld, an Erfolgen hingegen äußerliche Umstände wie Zufall oder Glück. Die verteidigen ein negatives Selbstbild – und ich bin eine davon. Das letzte Buch verkauft sich nicht, es kommt irgendwie nicht bei den Leuten an?

Ich bin eine untalentierte Dilettantin.

Das letzte Buch verkauft sich super, die Leute lieben es?

So was – das Thema muss gerade gut ankommen. Oder liegt es am Cover?

So in der Art. Wenn ich mich umsehe, kenne ich ziemlich viele, die in diese Untergruppe fallen:

»Bei diesem Dingsbums hier, das du gemacht hast, fehlt ein Ausrufezeichen.«

»Ich weiß, ich bin eine totale Niete!«

Visa:

»Das Dingsbums hier, das du gemacht hast, ist echt gut geworden.«

»Ach danke, na ja, da ist ja echt nix bei.«

Es ist zum Haareraufen. Hauptsächlich machen das Frauen, die ebenso wie ich diese Tugend Bescheidenheit (siehe Kapitel *Wenn der Clown irrt – Bescheidenheit*) zu ernst genommen haben.

Es gibt aber ein Gebiet, da holen die Frauen ganz groß auf, und zwar in Zwistigkeiten mit dem Partner ...

DIE SELF-SERVING BIAS IN DER PARTNERSCHAFT

Wenn man als Paar mit anderen Paaren befreundet ist, ist das ein totaler Klassiker: Ein Teil des befreundeten Paares (Anja) erzählt mir von einem Streit, den sie mit ihrem Mann (Thomas) hat. Es wäre immer das Gleiche, jammert sie. Thomas arbeitet immer viel zu lange und dann hat er auch noch seinen Sport, seine Kumpels und Geschäftsessen und darum ist er abends total oft nicht zu Hause. Wenn er dann aber mal zu Hause ist, hilft er ihr nicht dabei, die Kinder ins Bett zu bringen, sondern mault rum, dass sie keine Zeit für ihn hat.

»Waaaas? Der tickt ja wohl nicht richtig«, finde ich, und Anja nickt. Ja, sie hat es nicht leicht.

Wenn ich dann abends gemütlich mit meinem Schlafanzug, einem Buch und L. im Bett sitze und sage: »Stell dir vor, Anja hat mir erzählt, dass Thomas abends meckert, weil sie die Kinder ins Bett bringt, statt sich um IHN zu kümmern – geschweige denn, dass er das übernimmt!«

… dann kann es sein, dass L. mich erstaunt ansieht und sagt:

»Mir hat Thomas erzählt, dass, wenn er sich schon mal am Abend freimachen kann und freudig nach Hause eilt, Anja die Kinder ins Bett bringt, weil sie unbedingt ihr striktes Ritual durchziehen will, das ewig dauert, und danach telefoniert sie noch mit ihren Schwestern, was auch ewig dauert, und das nervt ihn. Er will gerne mit ihr zusammen sein.«

Wenn ich dann das nächste Mal Anja treffe und wir kommen drauf und ich wiederhole, was L. mir gesteckt hat, sagt Anja wiederum:

»Jaaa, aber Thomas ist so oft nicht da, da habe ich eben meine Abende zu Hause darauf eingestellt. Ich habe mit den Kindern ein schönes Ritual eingeführt und ich genieße diese Telefongespräche. Wenn Thomas dann ausnahmsweise mal doch da ist, werfe ich doch nicht alles um! Soll er mir lieber mit den Kindern helfen – ich finde das total egoistisch von ihm.« Und das verstehe ich dann auch wieder.

Das versteht auch L. – aber der weiß wiederum von Thomas, dass Anja sich sonst auch kein Bein ausreißt, damit sie gemeinsam Zeit verbringen. »Just immer, wenn er Zeit hat, hat sie etwas anderes zu tun …«, woraufhin ich weiß: »Ja, aber sie *muss* sich ja beschäftigen, sonst hockt sie ja nur rum, wenn er weg ist, was er ja meistens ist!«

Und wissen Sie, was dann passiert?

Dann streiten L. und ich einen Stellvertreter-Streit. Das ist ja wohl das Absurdeste, was man als Paar so machen kann in seiner Freizeit! Irgendwann wurde uns bewusst: L. und ich stritten in der Küche über irgendein Thema eines befreundeten Paares und wir wurden sogar laut und alles, bis wir uns irgendwann mit aufgerissenen Augen anstarrten und uns fragten: »Was machen wir hier eigentlich?«

Das Interessante an der Sache ist jedoch nicht, wer von den beiden jetzt im Recht ist, sondern wie sie es geschafft haben, uns jeweils auf ihre Seite zu ziehen. Dabei verwenden sie nämlich genau die gleichen Mechanismen, und die kann man nicht nur bei Anja und Thomas beobachten und nicht nur bei diesem Thema.

Wer bringt öfter den Müll runter? Wer hat öfter das Bad geputzt? Wer tut mehr für den Erhalt der Partnerschaft? Wer kümmert sich mehr/besser um die Kinder?

Das alles kann herhalten für einen schönen Self-Serving Bias und wurde auch schon wissenschaftlich untersucht.[30] Befragt wurden dafür 25 Paare über ein zentrales Streitthema aus ihrem Ehealltag. Mit dabei waren:

---

[30] Schütz, A.: »It was your Fault! Self-Serving Biases in Autobiographical Accounts of Conflicts in Married Couples«. *Journal of Social and Personal Relationships*, 1999, 16 (2), S. 193–208.

- Der Partner/die Partnerin verbringt zu viel Zeit mit seinem Hobby.
- Der Partner lässt seinen Krempel überall herumliegen (ich habe das absichtlich nicht gegendert – seien wir ehrlich: Das ist hier so was von nicht nötig …).
- Der Partner/die Partnerin hält sich nicht an Absprachen.
- Der Partner/die Partnerin raucht im Haus.
- Es herrscht Uneinigkeit über die Erziehung des Kindes.
- Der Partner/die Partnerin hat zu lange Arbeitszeiten.
- Der Partner/die Partnerin will eine bestimmte Reise nicht mitmachen.
- Die Partnerin wirft Habseligkeiten des Partners weg (ich habe das absichtlich nicht gegendert …).

Beide Parteien erzählten vom Streitthema getrennt voneinander – und wie zu erwarten vollkommen unterschiedlich. Einig waren sich lediglich alle, egal welches Paar bei welchem Thema, dass das Grundproblem beim zugehörigen Ehepartner zu finden sei, egal, ob sie diejenigen waren, die kritisierten oder kritisiert wurden.

Also A behauptet, die Handlung von B ist das Problem, weil falsch, rücksichtslos, verletzend, unfair oder was auch immer.

B wiederum hält das eigene Verhalten für vollkommen gerechtfertigt und befindet die Kritik als übertrieben. A könne sich einfach nicht in die Lage von B versetzen und überhaupt: Alles war völlig in Ordnung, bis A anfing, sich zu beschweren, somit ist die absurde Kritik die Ursache des Konflikts. Das eigene Verhalten ist aus Sicht beider nur eine Reaktion auf die Provokation des Gegenübers.

Von beiden Parteien kommt dann noch gerne das Totschlagargument: Das macht der andere/die andere IMMER. Schon damals, als ... und dann kommt irgendein alter Hut aus der Beziehungsstreit-Folklore.

A und B sind somit beide davon überzeugt:

1. ... das Gegenüber angefangen hat (ob mit dem falschen Verhalten oder der Kritik), und:
2. ... dass das eigene Verhalten total legitim und nachvollziehbar ist.

Der kritisierende Part kann außerdem hehre und uneigennützige Absichten geltend machen, wie das Wohl der Kinder, die Bedürfnisse der Familie, die Gesundheit des anderen oder etwas in der Art. Falls die Kritik etwas zu emotional geraten sollte, kann man sich immer noch auf Stress berufen, es wühlt einen eben emotional auf, wenn DER ANDERE IMMER ...! Und so weiter.

Das Verhalten des Gegenübers wird generell als unbedacht und irrational und übertrieben bezeichnet, egal, ob es sich um Kritiker/in oder Verteidiger/in handelt, die Begründung also im Innen gesucht. Das eigene Verhalten hingegen ergibt sich logischerweise als Reaktion auf die Situation. Die Verantwortung für die ganz und gar unangenehme Konfliktsituation liegt also nie bei einem selbst, juchhe!

13. The Self-Serving Bias

Sollte man sich während des Streits selbst bei Verhaltensweisen erwischen, die nicht in Ordnung sind (zum Beispiel, wenn man unter die Gürtellinie zielt oder irgendeine andere geltende Regel nicht beachtet), hat der Self-Serving Bias ein dringendes Bedürfnis nach Selbstgerechtigkeit und rechtfertigt das eigene Verhalten prompt als unvermeidlich, als legitim oder aus irgendwelchen hanebüchenen Gründen als angemessen. Wenn das nicht hinzubiegen ist, kann man immer noch eine Entschuldigung vorbringen, um die Schuld zu minimieren, und unbedingt sowie ausnahmslos folgt die Versicherung, dass man absolut keine Verletzungsabsichten hatte.

Diese Entschuldigungen und Begründungen gelten natürlich nur für einen selbst, das Gegenüber wird als harsch und irrational dargestellt.

A-Hörnchen und B-Hörnchen bestätigen also sich und allen, die es hören wollen, sie hätten nur gute Absichten und was sie tun oder sagen, hat einen handfesten, plausiblen Grund, während der andere komplett danebenliegt.

Zwischenmenschliche Beziehungen sind was Herrliches, was? Es grenzt an ein Wunder, dass wir uns nicht permanent die Köpfe einschlagen.

Ein beliebtes rhetorisches Mittel, das oft in Streitsituationen benutzt wird, muss ich an dieser Stelle unbedingt erwähnen. Es ist unglaublich verbreitet und uns praktisch in die Wiege gelegt – alle können es. Schöner wäre, wir hätten eine Fremdsprache oder ein künstlerisches Talent in die Wiege gelegt bekommen, aber gut.

Alle, die sich in einer Diskussion schon mal mit den Worten verteidigt haben: »Hey! Das habe ich gar nicht gesagt!«, kennen es. Es ist das *Strohmann-Argument*.

Der Strohmann, daher der Name, wurde im Schwert- und Fechtunterricht verwendet. Damit sich die Schüler nicht gegenseitig aufspießten, übten sie oft gegen Stroh- oder Pappkameraden, gegen die sie – selbstverständlich – gewannen. Anschließend fackelte man diese Strohfiguren dann gerne unter großem Helau ab. Wer ein Strohmann-Argument verwendet, kämpft gegen einen künstlich vorgeschobenen Feind, gegen den er nur gewinnen kann.

Wenn Ihr Gegenüber zum Beispiel sagt: »Vanilleeis ist toll!«, dann könnten Sie folgenden Strohmann schaffen:

»Wenn wir uns alle nur von Vanilleeis ernähren würden, hätte die halbe Bevölkerung innerhalb von kürzester Zeit Diabetes. Das kannst du doch nicht ernsthaft wollen!«

Sie argumentieren gegen etwas, das Ihr Gegenüber weder gesagt noch gefordert hat, und indem Sie das Strohmann-Argument entkräftet haben, behaupten Sie fälschlicherweise, dass somit die ursprüngliche These widerlegt sei. In politischen Diskussionen passiert das permanent. Um so einen Strohmann zu basteln, kann man die These des Gegenübers entweder übertreiben, verkürzen oder sonstwie verzerren. Stehen sich bei Anne Will oder sonst einer Talkshow zwei Parteien mit unterschiedlicher Meinung zum Thema Rüstungsetat gegenüber, könnte A zum Beispiel sagen:

»Ich mache mir Sorgen um das militärische Aufrüsten.« Dann könnte B den Strohmann bauen: »Sie wollen also, dass unser Land ohne Verteidigung dasteht,« und dann erklärt B, warum Länder ohne eine militärische Verteidigung nicht haltbar sind (und außerdem A ein Trottel, der das nicht einsehen will) – derweil hat A gar nichts dergleichen behauptet. Oder Politikerin A erklärt, dass sie Obergrenzen für Geflüchtete für problematisch hält, worauf Politiker B entgegnet, dass offene Grenzen nicht funktionieren werden – was A gar nicht gefordert hat. In einer emotionalen Diskussion fällt das aber oft gar nicht auf.

Oder A sagt: »Regentage sind super!« Und B so: »Es wäre grässlich, wenn es nur noch Regentage gäbe! Alles würde untergehen und wir müssten sterben!« Etwas zu unterstellen, was der oder die andere gar nicht gesagt hat, ist am leichtesten – aber auch am leichtesten zu durchschauen. Das nächste Level ist, für die Aussage des Gegenübers ein äußerst wackeliges Argument zu finden, das leicht zu widerlegen ist. Indem man das widerlegt, hat man auch die Aussage widerlegt. Zum Beispiel:

A: »Pflanzen und Tiere passen sich an ihre Umgebung an und verändern sich dadurch. Es gibt einen Schmetterling, den Birkenspanner, der ist weiß und dunkel gemustert, um sich auf den Stämmen von Birken optimal zu tarnen. Als während der Industrialisierung in England überall Fabrikschlote aus dem Boden zu schießen begannen, setzte sich mehr und mehr Ruß auf der Rinde von Bäumen ab, und durch die Luftverschmutzung verschwanden auch viele Flechten. Als Folge gerieten nun die weißen Falter ins Visier hungriger Vögel. Eine dunklere Färbung setzte sich zunehmend durch. Sie dominierte, bis die Luft wieder sauberer wurde!«

B: »Das ist Käse! Der Zoologe Lamarck dachte auch, dass die Hälse von Giraffen nur deshalb so lang sind, weil sie sich nach Blättern in den Bäumen streckten. Das gilt aber als widerlegt. Also stimmt es nicht, dass sich Tiere aufgrund ihrer Umgebung verändern.«

B. hat zwar recht, dass die Giraffen-Sache längst widerlegt ist und so nicht stimmt, aber das heißt noch lange nicht, dass die komplette Evolutionstheorie von Darwin Mist ist.

Eine andere Variante eines Strohmann-Arguments ist, eine möglichst fragwürdige Person mit der Meinung des Gegenübers auszustatten und damit so zu tun, als stünde diese Person für alle, die dieser Meinung sind. Zum Beispiel findet A: »Diese ungezügelten Finanzmächte richten echt viel Schaden an.« Woraufhin B kontert: »Hitler hat die Finanzmächte auch verteufelt – er war überzeugt, dass die Juden als Finanzmacht die Welt beherrschen wollten.« Und schon steht A als komischer Kauz da, gerade so, als fände er selbst Gefallen an dieser Verschwörungstheorie.

Ganz ehrlich: Hat es bei Ihnen auch geklingelt? Bei mir schon, ich mache das auch so. Sobald hier ein Streit losbricht (wir nennen es Diskussion, das klingt besser), ist mein Clown damit beschäftigt, nach Argumenten und Strategien zu suchen, die belegen, dass ich im Recht bin. Wenn L. dagegenhält und seine Sicht der Dinge verteidigt, versuche ich das immer verzweifelter:

Wenn ich es nur richtig erkläre, muss er ja einsehen, was ich meine. Tut er das nicht, ist er doof oder stur (oder beides).

Warum ich das tue – und nicht nur ich, sondern warum wir das generell tun, ist einfach: Für den Selbstwert fühlt es sich gut an und der Schaden hält sich in Grenzen. Zumindest hat er das in den letzten 100 000 Jahren, sonst hätte die Natur diesen Denkfehler schon längst ausgerottet.

Bei der Studie mit den 25 Ehepaaren kam übrigens heraus, dass den Teilnehmern in vielen Fällen nicht klar war, dass der Partner das Ereignis anders wahrgenommen und beschrieben hat. Die Kunst ist es also, in dem Moment, in dem der Self-Serving Bias einsetzt, kurz aufzumerken und den eigenen Clown an den Ohren zu ziehen. Versuchen, die eigene Sicht kurz mal beiseitezulassen und den Blickwinkel des Partners einzunehmen und sich ganz ehrlich zu fragen: Kann es sein, dass das Gegenüber gerade recht hat? Ist seine Kritik oder sein Wunsch nachvollziehbar? (Und auch nicht versuchen zu verhandeln: Ich würde ja, wenn du nur endlich mal …) Man muss einseitig anfangen. Das heißt nicht, sich alles gefallen zu lassen, aber es lohnt, den seriösen Herrn im Anzug zu konsultieren, besonders in den Momenten, in denen der andere blöd ist.

Ob das anstrengend ist? Natürlich ist es das – aber niemand hat gesagt, es gäbe hier irgendwas für umme …

»Alex, ich würde gerne für das verlängerte Wochenende meine Eltern einladen, die waren schon ewig nicht mehr da …«

»Waren sie doch! Und überhaupt – immer redet mir deine Mutter drein und meine waren schon viel länger nicht da und, und …

………………………………………………………………
………………………………………………………………
………………………………………………………………

… oh, Moment. Du vermisst sie, was?«

Hier ein Kasten, in dem Sie herumfuhrwerken können, wie Sie wollen:

Wenn Sie streiten: Geht es dann manchmal gar nicht mehr um die Sache? Versetzen Sie sich in Ihr Gegenüber, um es zu verstehen?

………………………………………………………………
………………………………………………………………
………………………………………………………………

Wären Sie bereit, einseitig damit anzufangen?

………………………………………………………………
………………………………………………………………
………………………………………………………………

14.
DIE VERZÖGERUNGSTAKTIK

Gute Nachrichten: Sie sind nicht schuld. Diesmal wirklich nicht. Diese Nummer erwischt uns alle, es ist eine Verschwörung aller Clowns und sie betrifft jede und jeden und das Schöne daran ist das Wissen: Sie sind nicht alleine.

Das andere Schöne ist: Falls Sie mit sich hadern, dass Sie die Diät Dingsbums schon wieder nicht einhalten, obwohl Sie es sich ganz fest vorgenommen haben, oder dass Sie schon wieder dem Fitnesscenter monatlich Geld zukommen lassen, ohne auch nur einmal hinzugehen: Seien Sie nicht zu hart mit sich. Sie sind völlig normal und keineswegs ein besonders willensschwaches Exemplar unserer Art.

Ich habe zum Beispiel, abgesehen von den obigen Beispielen, noch eine niedliche kleine Eigenart, die auch mit Vorsätzen zu tun hat: Wenn ich in den Urlaub fahre, packe ich immer irgendein Buch in meinen Koffer. Meistens ein Buch, das ich schon lange gelesen haben wollte, davon gibt es jede Menge. Meistens handelt es sich dabei um einen Wälzer, von dem ich überzeugt bin, dass er gut ist, und vor allem: den ich lesen sollte. Am liebsten schon gelesen gehabt hätte. Das sind dann so Dinger wie:

Wilhelm Weischedel: *Die philosophische Hintertreppe – 34 große Philosophen in Alltag und Denken*
Thomas Mann: *Buddenbrooks*
Hans Magnus Enzensberger: *Der kurze Sommer der Anarchie*
Arno Gruen: *Verratene Liebe – Falsche Götter*

Die habe ich alle aus guten Gründen! Mit Philosophie kenne ich mich viel zu wenig aus, die *Buddenbrooks* habe ich noch nie gelesen (ähm, ich glaube auch sonst nichts von Thomas Mann, nein, auch nicht den *Zauberberg*), von Enzensberger auch nicht, und das ist einer der größten Nachkriegsliteraten, die wir haben, und außerdem sind wir um drei Ecken verwandt, und *Verratene Liebe – Falsche Götter* hat der großartige Hagen Rether empfohlen, das MUSS gut sein.

Das sind meine Vorsätze. Eins oder zwei von denen packe ich ein, und dann passiert bei jedem Urlaub genau das Gleiche:

Am Kiosk kaufe ich mir irgendein aquarellfarbenes Frauenbuch oder einen Krimi mit Furcht einflößendem Cover. Am Urlaubsort angekommen, platziere ich die beiden *guten* Bücher auf meinem Nachttischchen und rühre sie dann nicht mehr an, bis ich am Ende des Urlaubs wieder die Koffer packe. Stattdessen habe ich Krimi und Frauenbuch durch und mit etwas Glück noch drei andere Romane ähnlicher Coleur, die mir andere Reisende überlassen haben. Ich habe Bücher, die rein nach Flugmeilen einen eigenen Vielfliegerstatus beantragen könnten.

Auch das, und da bin ich wirklich froh, ist völlig normal. Wissenschaftlich untersucht wurde das mit Filmen statt mit Büchern, und zwar 1999 von Read, Loewenstein und Kalyanaraman in einer Studie, in der sie Probanden baten, unter 24 Filmen drei auszusuchen.[31] Zur Auswahl standen einige Komödien und seichte Unterhaltung, so etwas wie *Schlaflos in Seattle*, *Speed* und *Mrs. Doubtfire*, aber auch anspruchsvolle, gute Filme, die gerade in aller Munde waren. *Schindlers Liste* zum Beispiel oder *Das Piano*.

Fast alle Teilnehmer suchten sich als einen der dreien *Schindlers Liste* aus. Der Film hatte fantastische Kritiken erhalten, alle, die ihn gesehen hatten, empfahlen ihn unbedingt weiter, kurz, es war schlicht DER Film, den man gesehen haben musste. Die Probanden bekamen dann die Aufgabe, sich einen der drei Filme sofort anzusehen, den zweiten nach zwei Tagen und nach noch mal zwei Tagen den dritten. Und jetzt raten Sie, welchen Film die meisten als Erstes ansahen ... den großartigen, hochgelobten, mit sieben Oscars prämierten Film *Schindlers Liste*, den sie ja auch alle sehen wollten? Nein! Die meisten griffen zum aquarellfarbenen Unterhaltungsmovie, in den allermeisten Fällen war *Schindlers Liste* sogar der letzte Film, der geschaut wurde.

Das ist genau das Prinzip, das dafür verantwortlich ist, dass wir uns in Zukunft gesünder ernähren wollen, aber heute auf die Pizza aus der Tiefkühltruhe zurückgreifen. Wenn wir uns überlegen, was wir nächste Woche essen wollen, welchen Film wir sehen oder welches Buch wir lesen wollen, dann befragen Sie den seriösen Herrn im An-

---

31 Read, Daniel; Loewenstein, George; Kalyanaraman, Shobana: »Mixingvirtue and vice: Combining the immediacy effect and the diversification heuristic«. *Journal of Behavioral Decision Making* 1999, 12 (4), S. 257–273.

zug, der in Ihrem Gehirn wohnt – aber im Jetzt zählt der Impuls: der Clown. All die Bananen und Salate, die Sie im Laufe Ihres Lebens gekauft haben, um sie Tage danach wegzuschmeißen, gehen auf das Konto dieses Prinzips. Deswegen ist ›morgen‹ oder ›der nächste Montag‹ immer der beste Tag, um mit irgendetwas zu beginnen, das dem Clown nicht gefällt. Wir können uns schlicht nicht vorstellen, dass wir nächsten Montag die Gleichen sind wie heute, die mit der Tiefkühlpizza. Manchmal steht auch etwas mehr auf dem Spiel als ein paar Kalorien oder Bananen: zum Beispiel, wenn Sie eine Arbeit abgeben müssen. In meinem Fall: ein Buch. Also dieses zum Beispiel.

Zu meinem großen Glück gibt es so etwas wie einen Abgabetermin. Das ist insofern ein Glück, als dass es ohne Abgabetermin kein einziges Buch von mir geben würde. An diesen Abgabetermin sind Folgetermine gekoppelt, wie zum Beispiel das Lektorat, das Setzen, Terminvereinbarungen mit der Druckerei, dem Vertrieb und der Presse, was zur Folge hat, dass der Abgabetermin nicht ohne Weiteres verschoben werden kann. Also nicht viel mehr als zwölf Arbeitstage, das ist der Puffer, den der Verlag eingebaut hat. Ich weiß das, weil ich das genau eruiert habe ...

Wenn also der Moment kommt, in dem ich mir sage: Heute ist der Tag, an dem ich wirklich, und zwar wirklich-wirklich anfangen muss zu arbeiten, dann sitze ich hoch motiviert an meinem Schreibtisch, schaue auf den Bildschirm und noch bevor ich das erste Wort geschrieben habe, kommt von irgendwoher die Stimme meines Clowns, der sagt so etwas wie:

Lass uns noch schnell ein paar YouTube-Videos von Tiefseefischen anschauen und was Harald Lesch über schwarze Löcher zu sagen hat, bis wir bei Interviews von Markus Lanz mit Bill von Tokio Hotel aus dem Jahr 2006 ankommen! Anschließend schreiben wir die To-do-Liste auf das Datum von morgen, schauen auf eBay nach altem Emaille-Küchengeschirr und beschriften die Alben unsere Fotothek auf dem Computer neu – dann ist es übrigens eh schon halb zwei und um zwei haben wir einen Termin, dann ist es zu spät, um noch anzufangen, Bussi!

So geht das jedes Mal, wenn ich auf den Bildschirm blicke. Es kostet mich fast körperliche Kraft, nicht auf ihn zu hören und anzufangen zu schreiben – aber warte! Es kommt eine Mail! Gott sei Dank! Erst mal sehen, wer da was will.

Jetzt habe ich es noch gut, weil an den Abgabetermin auch elementar wichtige Dinge gekoppelt sind wie zum Beispiel mein Lebensunterhalt, somit ist der Druck so hoch, dass ich diese Kraft willentlich aufbringe – ginge es nur darum, eine Fremdsprache zu lernen zum Beispiel, ich wäre verloren. Um sich zu überlisten, versuchen wir dann gerne die niedlichsten Dinge. To-do-Listen zum Beispiel und jede Art von Planer oder wir kaufen eines der 300 000 Bücher über Zeitmanagement. Aber Zeitmanagement ist gar nicht unser Problem. Unser Problem ist der richtige Umgang mit dem Clown.

Warum wir überhaupt diese mittel-liebenswerte Eigenschaft unser Eigen nennen, kommt vermutlich auch aus der Säbelzahntiger-Zeit: da zahlte es sich eben nicht aus, weit in die Zukunft zu blicken. Das Jetzt war wichtig. Lieber jetzt so viele Kalorien wie möglich sammeln – wer weiß, wann es wieder welche gibt! Diabetes und Herz-Kreislauf-Erkrankungen waren nicht DAS Gesprächsthema in einer Zeit, in der die Menschen noch nicht mal so alt wurden, dass sie ihre Enkel kennenlernten, und auch die Rentenversorgung bereitete kein Kopfzerbrechen. Das hat sich Gott sei Dank geändert, aber der Clown ist immer noch davon überzeugt, dass es das Beste ist, sich darum zu kümmern, mitzunehmen, was geht. Gemessen am Alter des Homo sapiens ist die Zeit MIT Herz-Kreislauf-Erkrankungen und Rentenversicherung gerade mal ein Wimpernschlag. Das heißt auch: Diese liebenswürdige Eigenart ist uns angeboren. Allen.

Es gibt ein Experiment, von dem Sie vielleicht gehört haben, denn die Auswertung ist noch nicht lange her: der sogenannte Marshmallow-Test. Er gehört zu den bekanntesten Experimenten der Psychologie. Walter Mischel von der Stanford-Universität führte ihn Ende der 1960er- und Anfang der 1970er-Jahre durch und er war ein bisschen gemein:

Er setzte vierjährige Kinder nacheinander an einen Tisch, auf dem sich verschiedene Leckereien befanden, aus denen sie wählen konnten: ein Keks, eine Brezel und ein riesiger Marshmallow. Mischel stellte die Kinder vor die Wahl: Er würde den Raum jetzt verlassen und sie konnten ihre Leckerei entweder sofort essen – oder sie warteten einige Minuten, bis er zurückkäme, dann würde sich ihre Belohnung verdoppeln. Dabei ging es Mischel nicht um den faktischen Belohnungsaufschub, sondern um die »*Fähigkeit, ein sofortiges, aber weniger gewünschtes Ergebnis zu verschieben, um ein bevorzugtes Ergebnis zu erzielen, das auf Warten beruht*«.[32]

---

32 Stangl, W. (2019). »Marshmallow-Test«. *Lexikon für Psychologie und Pädagogik.* https://lexikon.stangl.eu/3697/marshmallow-test/ (abgerufen am 12.04.2019).

Konnten diese Kinder auf etwas Verlockendes für die Erreichung langfristiger Ziele verzichten?

Einige Kinder taten genau das, was Sie und ich vermuten: Sie hörten sich an, was der Wissenschaftler zu sagen hatte, und kaum war er zur Tür hinaus, schnappten sie sich die Leckerei und stopften sie sich in den Mund. Die anderen saßen an dem Tisch und betrachteten sehnsüchtig das Objekt ihrer Begierde. Einige versuchten, ihre Unruhe zu kompensieren, indem sie Geräusche machten, herumzappelten oder woanders hinsahen, und am Ende schaffte es ein Drittel nicht, sich zu beherrschen.[33]

---

33 Interessante Fakten zu dem Experiment: Im Laufe der Jahre wiederholten viele Wissenschaftler dieses Experiment, gleich und in abgeänderter Form – und in anderen Ländern. Dabei stellte sich heraus, dass zum Beispiel vierjährige Kinder aus Kamerun sich wesentlich leichter tun, den Marshmallow Test zu bestehen, als die Kinder in Deutschland. Mehr als zwei Drittel der Kinder aus Afrika schafften es, diese zehn Minuten abzuwarten, während es von den Kindern aus Deutschland nur 28 Prozent waren. Die Kinder aus Afrika blieben auch ruhig und saßen still auf ihrem Stuhl und bewegten sich kaum. Die Autor/innen vermuten einen Einfluss unterschiedlicher Erziehungsstile und sozialer Normen, denn die afrikanischen Kinder lernen früh, sich in eine Gruppe einzuordnen, die meist hierarchisch organisiert ist, wobei Gehorsam und Respekt vor älteren Mitgliedern der Gruppe wichtige Tugenden darstellen. Schon daraus ergeben sich vermutlich unterschiedliche Strategien, der Versuchung im Marshmallow-Test zu widerstehen. Die afrikanischen Kinder akzeptieren offenbar die Situation, fügen sich ihr in Stille und Selbstkontrolle, während die Kinder aus Deutschland die Versuchung dazu bringt, sich auf sich und ihr Bedürfnis nach der Süßigkeit zu konzentrieren und sich auf diese Weise abzulenken, indem sie wippen, summen oder singen, um ihre Aufmerksamkeit von der Schokolade wegzuverschieben (Stangl, 2019). Außerdem stellte sich bei einer neuerlichen Auswertung der Studie, die Augenmerk auf die soziale Stellung der kleinen Probanden nahm, heraus, dass Kinder aus sozial schwächeren Familien und mit einem niedrigen Haushaltseinkommen eher dazu neigen, den ersten Marshmallow sofort zu essen. Offenbar haben diese Kinder kein Vertrauen darauf, tatsächlich die zweite Süßigkeit zu erhalten. In einer anderen Studie, die sich mit der Auswertung aller Wiederholungen selbiger beschäftigt (über 30) konnte nachgewiesen werden, dass sich die Fähigkeit der Kinder in Sachen Belohnungsaufschub mit den Jahrzehnten insgesamt verbessert hat.

Das Faszinierende an diesem Experiment offenbarte sich in den darauffolgenden Jahrzehnten: Mischel verfolgte die Lebensläufe ›seiner‹ Kinder über 50 Jahre lang, um zu sehen, wie sich die frühkindliche Fähigkeit der Selbstkontrolle auf die Ereignisse in ihrem Leben auswirkte, und er fand heraus, dass die Kinder, die es schon als Vierjährige geschafft hatten, zu warten, insgesamt erfolgreicher in der Schule und in der Ausbildung waren. Sie waren zielstrebiger, konnten besser mit Rückschlägen umgehen und waren sozial kompetenter. Bei den Tests für angehende Studenten, die von den amerikanischen Universitäten durchgeführt werden, schnitten sie um 200 Punkte besser ab.

Die Kinder die sich im Angesicht der Leckerei nicht beherrschen konnten, waren nicht weniger intelligent, aber emotional instabiler und schlechter in der Schule. Auch im späteren Leben, stellte Mischel fest, war die Fähigkeit zur Selbstbeherrschung eng mit dem verbunden, was die Wissenschaft ›Exekutivfunktionen‹ nennt. Das sind die geistigen Funktionen, mit denen wir unser Handeln an die Umgebungssituation anpassen. Die Geduldigen verdienten in der Regel mehr Geld, waren gesünder und glücklicher und sie wurden weniger oft kriminell, fettleibig oder drogenabhängig.

Während seiner Arbeit stellte Mischel fest, dass der entscheidende Faktor dafür, ob jemand die Verzögerung aushält oder nicht, damit zu tun hat, ob die Person Strategien parat hat, um der Versuchung zu widerstehen.

Das kann Ablenkung sein wie das Nicht-Hinsehen und Herumzappeln der Kinder oder indem man die Wahrnehmung des Objekts der Begierde verändert – zum Beispiel indem man sich das Marshmallow als Wölkchen denkt (und Wolken kann man nicht essen) oder als Foto ansieht und gedanklich einrahmt wie ein Bild. Ein Junge in Mischels Test konnte anfangs nicht warten, lernte aber unter dieser Anleitung schließlich durchzuhalten. Als Mischel ihn fragte, was sich geändert hatte, antwortete der Junge: »Man kann kein Bild essen.«

Was das für Ihren Alltag in der Erwachsenenwelt bedeuten kann, hat Mischel selbst vorgeführt – er war nämlich starker Raucher.

Er hatte als junger Mann damit angefangen und war als Professor in Harvard bei drei Päckchen am Tag, plus Pfeife, plus Zigarre. Als 1964 der erste Bericht über die Gefahren des Tabaks herauskam, in dem schon recht deutlich stand, dass eine der Gefahren war, dass man daran sterben könnte, wollte Mischel aufhören – und konnte es nicht. Wie viele andere auch versuchte er es immer wieder und scheiterte ein ums andere Mal. Der Selbstbeherrschungsexperte, der es nicht schafft, das qualmen zu lassen. Wahrscheinlich, so sagte sich Mischel, gehörte für sein Bild von einem Universitätsprofessor der Tabak einfach dazu. Sie erkennen, was Mischel da macht, richtig? Er löst eine kognitive Dissonanz! Ende der 1960er-Jahre sah er dann in der medizinischen Fakultät von Stanford einen Mann mit metastasiertem Lungenkrebs – Kopf rasiert, kleine grüne X-Markierungen am ganzen Körper, die die Punkte markierten, wohin die

Strahlung gehen würde – und erkannte seinen Selbstbetrug. Er legte sich daraufhin seine Strategie zurecht: Jedes Mal, wenn er an eine Zigarette dachte – was anfangs ungefähr alle drei Minuten geschah –, beschwor er in Gedanken das Bild dieses Mannes, mit rasiertem Schädel und Markierungen und allem. Er änderte damit den Wert der Zigarette: Sie wurde von etwas Begehrenswertem zu etwas Ekelhaftem.

Sich solche Strategien zurechtzulegen ist das Geheimnis, um sofortigen Verlockungen zu widerstehen. Eine Strategie kann auch sein, die sofortige Verlockung etwas in die Zukunft zu schieben – dann erscheint sie nicht mehr so verlockend. Also wenn Ihnen zum Beispiel jemand sagt, er gibt Ihnen entweder jetzt sofort 50 Euro bar auf die Kralle – oder in einem Jahr 100 Euro … was würden Sie tun? Also außer sich diese Person sehr genau ansehen. Wenn Sie ticken wie die meisten, sind Sie geneigt, lieber gleich die 50 Euro zu kassieren. Was man hat, das hat man, richtig? Objektiv gesehen eine schlechte Entscheidung natürlich, denn bekannterweise ist 100 das Doppelte von 50. Wenn wir die Verlockung jetzt aber in die Zukunft verlegen und man böte Ihnen 50 Euro an in – sagen wir – fünf Jahren. Oder 100 Euro in sechs Jahren. Wie würden Sie dann entscheiden? Sind Sie auch geneigt, dann gleich sechs Jahre zu warten? Schließlich ist beides noch lange hin und 100 ist das Doppelte von 50, nicht wahr?

Hätte in Ihrem Kopf der seriöse Herr im Anzug das Sagen, würden Sie immer die 100 wählen. 100 ist mehr als 50, daran gibt es nichts zu rütteln. Aber in Ihrem Kopf hat ein Clown das Sagen, und der wird bei etwas, das man sofort haben kann, anfangen, mit den Pompons zu wedeln – auch wenn das spätere Geschenk viel lukrativer wäre.

Die Verwandlung, die diese 50 Euro durchleben, wenn sie sofort vor der Nase wedeln oder erst zu einem späteren Zeitpunkt in Aussicht gestellt werden, nennt Mischel ›mental abkühlen‹. Abkühlen soll man die ›heißen‹ Dinge, und damit meint er all die Dinge, die Sie von Ihrem Ziel abbringen, YouTube-Videos von Tiefseefischen zum Beispiel.

Die Strategien dafür (das Ablenken, In-die-Ferne-Rücken oder etwas gedanklich zu verändern) sind erlernbar und trainierbar.

Mischel und seine Kollegen haben sogar mehrere Schulinitiativen in die Wege geleitet, um Kindern und Jugendlichen Verzögerungstechniken beizubringen, und waren als Berater in Fernsehsendungen für Kinder tätig.

In einem Interview mit *The New Yorker* sagte Mischel:

»Wir haben einen Weg gefunden, die Entscheidungen und somit die Freiheit der Menschen wirklich zu verbessern. Wenn wir über die Möglichkeit verfügen, zu unterscheiden, wann wir etwas tun oder nicht tun, wann wir etwas trinken oder nicht trinken und wann wir auf etwas warten oder eben nicht, sind wir nicht länger Opfer unserer Wünsche«.[34]

Dazu ist es aber nötig, dass wir:

---

34 Konnikova, Marina: »The Struggles of a Psychologist Studying Self-Control«. *The New Yorker*, 9. Oktober 2014.

- … einsehen, dass es den Clown gibt, DER JETZT SEIN MARSHMALLOW WILL,
- … einsehen, dass unser zukünftiges Ich in dem Moment der Zukunft auch nur das jetzige Ich ist mit dem Clown, DER JETZT SEIN MARSHMALLOW WILL,
- … uns Strategien überlegen, mit denen wir ihn austricksen, statt darauf zu vertrauen, dass in der Zukunft alles anders ist.

Also wenn ich jetzt ganz vernünftig entscheide, dass ich mich nächste Woche gesund ernähre, muss ich davon ausgehen, dass ich nächste Woche, genau wie heute, da überhaupt keinen Bock drauf habe – und idealerweise war ich heute so schlau, für nächste Woche keine Tiefkühlpizza einzukaufen. Das hat gar nichts mit Willensstärke zu tun, sondern damit, dass Sie versuchen, mit dem Clown umzugehen, also ihn zu überlisten, anstatt sich selbst hohle Versprechungen für die Zukunft zu machen, mit To-do-Lists und Wochenplanern und einem Monatsbeitrag fürs Fitnessstudio.

Hier ein Kasten, in dem Sie herumfuhrwerken können, wie Sie wollen:

Welche Dinge wollen Sie schon lange angehen und kriegen es nicht hin?
....
....
....

Liegen sie Ihnen wirklich am Herzen?
....
....
....

Mit welcher Strategie könnten Sie Ihren Clown austricksen, damit das klappt?
....
....
....

15.
DER BARNUM-EFFEKT

Der Barnum-Effekt[35], ich gestehe es, ist einer meiner Lieblinge. Noch lieber als ich hat den Barnum-Effekt nur Lothar, der verdankt ihm nämlich jede Menge Dates. Das geht dann so: Nachdem er seine Auserwählte mit irgendeinem mauen Spruch angequatscht hat, legt er den Kopf schief, sieht sie prüfend an und sagt dann so etwas wie:

- Du siehst aus, als würdest du Abwechslung und Veränderung mögen.
- Du kannst bestimmt mit Verboten nicht gut umgehen und fühlst dich schnell eingeengt.
- Du hattest es bestimmt nicht immer leicht im Leben.

Je nach Auserwählter lacht die ihn dann aus und schickt ihn zum Teufel oder ihr innerer Clown reißt die Augen auf, klatscht in die

---

35 Der Barnum-Effekt ist nach Phineas Taylor Barnum benannt, der ein riesiges Kuriositätenkabinett unterhielt, das für jeden Geschmack etwas bieten konnte (»a little something for everybody«) Vgl. Stangl, W. (2019). Stichwort: ›Barnum-Effekt‹. Onlinelexikon für Psychologie und Pädagogik.
www: https://lexikon.stangl.eu/531/barnum-effekt/ (abgerufem am 09.05.2019).

Hände und ruft: »Wow! Das stimmt! Woher weißt du das?« Dabei sind es natürlich Plattitüden, die er da an die Frau bringt, und selbst wenn sie nicht stimmen, so stimmen sie doch zumindest mit dem Bild überein, das diejenige von sich selbst gerne hätte.

Wer antwortet schon auf:
Du siehst aus, als würdest du Abwechslung und Veränderung mögen mit:
»Och nö, eigentlich bin ich voll langweilig und mache gerne immer dasselbe.«

Oder auf:
Du kannst bestimmt mit Verboten nicht gut umgehen und fühlst dich schnell eingeengt:
»Nee, ich finde es super, wenn ich gemaßregelt und klein gehalten werde!«

Oder auf:
Du hattest es bestimmt nicht immer leicht im Leben:
»Um ehrlich zu sein, lief bei mir immer alles glatt und ich habe den seelischen Tiefgang einer Pfütze.«

Sie sehen, was ich meine? Lothar benutzt allgemeingültige Aussagen, die von seinem Gegenüber herzlich gerne als total individuelle Aussagen über ihre Person angenommen werden. Das passiert nicht, weil die Frauen, die er anspricht, doof wie Brot sind – zumindest die meisten nicht. Das passiert, weil wir das alle ganz automatisch tun. Es ist ein Clownfehler allererster Güte, der Clown bezieht alles auf sich – und lechzt förmlich danach, etwas Passendes über sich zu erfahren.

Außer Lothar profitieren jede Menge Wahrsager, Astrologen, Hellsichtige, und Gedankenleser von diesem Effekt. Der Barnum-

Effekt schafft also, um ihm zumindest etwas Positives abzugewinnen, irgendwie Arbeitsplätze. Auf streitbare Weise, aber immerhin.

Diejenigen, die den Barnum-Effekt professionell vermarkten, machen das um ein Mü geschickter als Lothar – man kann nämlich auch Aussagen treffen, die etwas detaillierter sind (und trotzdem auf alle zutreffen):

Wenn ich Sie aus dem Buch heraus so ansehe, kann ich erkennen, dass Sie in Ihrer Familiengeschichte eine herbe Enttäuschung erlebt haben, deren Auswirkungen Sie immer noch spüren und die Ihr Gefühlsleben beeinflusst. Sie sehen über den Tellerrand hinaus und sind selbstkritisch, manchmal mehr, als Ihnen guttut, und Sie sind sensibler, als Sie sich geben. Deswegen geben Sie oft Ihr Bestes und setzen ein Lächeln auf, auch wenn Ihnen elend zumute ist. Und – warten Sie – ich glaube, Sie sind von jemandem aus Ihrem Umfeld enttäuscht … können sich aber nicht so recht überwinden, es zu sagen.

Und? Wie war ich? War was dabei für Sie? Selbst wenn nicht – haben Sie gemerkt, wie Sie, während Sie Aussagen über sich hören (in diesem Fall: lesen), wie Sie da rückblickend nach Ereignissen in Ihrem Leben Ausschau halten, auf die das Gesagte zutrifft? Wir suchen nach Übereinstimmungen und lassen alles andere außer Acht. Erforscht wurde der Effekt als Erstes von dem Psychologen Bertram R. Forer (deswegen wird er mitunter auch Forer-Effekt genannt).[36]

---

36 Bertram R. Forer: »The fallacy of personal validation; a classroom demonstration of gullibility«. *Journal of Abnormal Psychology*, 1949, Band 44, S. 118–123.

Um zu zeigen, wie sehr Menschen dazu neigen, allgemeingültige Aussagen auf sich zu beziehen, hat er im Jahr 1948 seine Studenten scheinbar einen Persönlichkeitstest machen lassen. Das Ergebnis des Tests sollten die Studenten auf einer Skala von 0 (*trifft nicht zu*) bis 5 (*trifft sehr zu*) beurteilen. Was die armen Hasen nicht wussten: Der Text des Ergebnisses war für alle der gleiche, Forer hatte ihn aus Zeitungshoroskopen zusammengeschrieben und er ging so:

»*Sie brauchen die Zuneigung und Bewunderung anderer, dabei neigen Sie zu Selbstkritik. Zwar hat Ihre Persönlichkeit einige Schwächen, doch können Sie diese im Allgemeinen ausgleichen. Sie haben beträchtliche Fähigkeiten, die Sie brachliegen lassen, anstatt sie zu Ihrem Vorteil zu nutzen. Äußerlich sind Sie diszipliniert und kontrolliert, aber innerlich fühlen Sie sich ängstlich und unsicher. Mitunter zweifeln Sie ernsthaft an der Richtigkeit Ihres Tuns und Ihrer Entscheidungen. Sie bevorzugen ein gewisses Maß an Abwechslung und Veränderung, und Sie sind unzufrieden, wenn Sie von Verboten und Beschränkungen eingeengt werden. Sie sind stolz auf Ihr unabhängiges Denken und nehmen die Aussagen anderer Leute nicht unbewiesen hin. Doch erachten Sie es als unklug, sich anderen zu freimütig zu öffnen. Manchmal verhalten Sie sich extrovertiert, leutselig und aufgeschlossen, manchmal auch introvertiert, skeptisch und zurückhaltend. Ihre Ziele scheinen mitunter eher unrealistisch.*«[37]

Der Durchschnitt, mit denen die Studenten schließlich beurteilten, wie sehr das Ergebnis auf sie zutraf, waren satte 4,26 von 5 Punkten. Der Test wurde seitdem noch viele Male wiederholt,

---

37 Die deutsche Übersetzung ist angelehnt an die Übersetzung in Wikipedia. https://de.wikipedia.org/wiki/Barnum-Effekt (abgerufen am 09.05.2019).

immer mit dem gleichen Text, und der Durchschnitt ist dabei immer um die 4.

Fast noch beeindruckender hat der französische Psychologe Michel Gauquelin den Barnum-Effekt vorgeführt:[38] Er inserierte im Jahr 1968 in der Zeitung und fand dort 150 Probanden, denen er ein ›ganz persönliches‹ Horoskop nach Hause schickte. Und zwar allen das gleiche. Das Horoskop wurde mithilfe eines Astrologie-Programms am Computer generiert und weil man dazu den Computer mit einem Geburtsdatum füttern musste, nahm Gauquelin kurzerhand das des Serienmörders Marcel Petiot, der für seine besonders abscheulichen Taten 20 Jahre zuvor in Paris geköpft worden war. Was denken Sie: Wie viele der Probanden erkannten in dem persönlichen Horoskop des Serienmörders sich und ihre Probleme wieder?

Es waren 94 Prozent. 94 Prozent erkannten sich selbst und immerhin noch 90 Prozent bezeichneten das Profil als ›sehr passend‹. Trotzdem glaubt ein Viertel der Deutschen an Horoskope. Das sind Abermillionen Leute!

Nur, um das noch mal klarzustellen: Ein Tierkreiszeichen besteht aus ungefähr 30 Sternen in Abständen, die untereinander 1 000 Lichtjahre Entfernung haben können. Also, wenn Sie zum Beispiel in Oberhaching geboren sind, suchen Sie sich einen Punkt in Nairobi, einen im schönen Rheinland und einen auf Proxima Centauri und noch 27 beliebige andere – und diese Punkte, die Sie gedanklich mit einer Linie verbinden, haben

---

[38] Vgl. auch Stangl, W. (2019). Stichwort: ›Barnum-Effekt‹. Onlinelexikon für Psychologie und Pädagogik. https://lexikon.stangl.eu/531/barnum-effekt/(abgerufen am 09.05.2019).

dann Einfluss auf das Leben von Leuten, die zu einem bestimmten Zeitpunkt in München geboren worden sind. So absurd das klingen mag: Wenn Ihnen jemand sagt, dass Steinböcke zum Beispiel fleißig, geduldig und realistisch sind, fallen Ihnen vielleicht gleich zwei Bekannte ein, auf die das zutrifft – ungeachtet der Tatsache, dass zum Beispiel Janis Joplin, Lenny Kilmister und David Bowie auch im Zeichen des Steinbock geboren wurden und Ihre Bekannten sich in vielen Punkten unterscheiden.

»Auf Horoskope fällt doch kein Mensch mehr rein«, sagt denn auch Jana, als wir nach der Arbeit noch auf einen Campari Soda im Einstein sitzen, und winkt ab. »Das liest man doch nur zur Unterhaltung«, findet sie, und ich stimme ihr zu:

»Ja, aber du bist eben sehr intelligent und kannst gut differenzieren – du kannst auch über den Tellerrand hinaussehen…«, antworte ich und Jana nickt, während sie an ihrem Strohhalm nuckelt.

»Du bist auch echt selbstkritisch«, mache ich weiter und muss grinsen, »manchmal mehr, als dir guttut.« Jana nickt immer noch. »Besonders cool finde ich, dass du nicht einfach so alles glaubst, was andere Leute sagen, und dir deinen eigenen Kopf machst…« – Jana lächelt – »… deswegen kannst du auch mit Verboten nicht gut umgehen und fühlst dich schnell eingeengt.«

Jana hält plötzlich inne und sieht mich an. »Du hast jetzt aber nicht bei mir…?«

»Doch«, grinse ich, »ich hab dich ge-barnumt.«

»Sau«, sagt Jana und nuckelt mit gerunzelter Stirn weiter an ihrem Strohhalm.

Hier ein Kasten, in dem Sie herumfuhrwerken können, wie Sie wollen:

Wann sind Sie das letzte Mal auf den Barnum-Effekt reingefallen?
....
....
....

Bei einem Verkaufsgespräch? Einem Persönlichkeitstest?
Bei Lothar?
....
....
....

Wie erkennen Sie ihn am besten (den Barnum, nicht Lothar)?
....
....
....

16.
DER ATTRIBUTIONSFEHLER

Das klingt schon scheiße, oder? Es gibt noch ein anderes Wort dafür, nämlich ›*Korrespondenzverzerrung*‹, aber das klingt irgendwie nach zerknüllten Briefen, also bleiben wir bei der Attributionssache.

Den Attributionsfehler begeht L. am laufenden Band, wenn er im Auto sitzt. Also, wenn er im Auto sitzt und es außer ihm noch andere Verkehrsteilnehmer gibt. Gäbe es keine, wäre alles in bester Ordnung, und das ist in L.s Augen wohl schon ihr erster großer Fehler: dass sie existieren. Der Fehler geht so: Wir fahren auf der Autobahn und das vor uns fahrende Auto ist langsamer als wir, fährt aber auf der mittleren Spur – allein auf weiter Flur. Wenn sich diese Situation ergibt, rolle ich schon mit den Augen, denn ich weiß, was jetzt kommt: L. fängt an zu schimpfen und zu zetern, denn nun muss er extra auf die äußere linke Spur, um zu überholen. In L.s Augen ist der einzige Grund, warum das Auto vor uns nicht vorschriftsmäßig auf der rechten Spur fährt, die geistige Beschränktheit des Fahrers. Alternativ zu geistiger Beschränktheit kommt laut L. noch abgrundtiefe Ignoranz in Betracht. L. unterstellt dem Fahrer des Autos vor uns folgende Aussagen:

1. Hä? Warum soll ich nach rechts fahren? Geht doch gut so! (Geistige Beschränktheit) Oder:
2. Pah, ich bleibe genau auf der Spur, sollen doch die anderen Arschgeigen um mich herumfahren. (Ignoranz)

Das macht ihn sauer. Ich sitze daneben und kann die emotionale Aufgewühltheit derweilen überhaupt nicht nachvollziehen. Ich fahre auch oft auf der mittleren Spur, obwohl ich nach rechts fahren könnte, und ich weiß auch genau, dass es dafür jede Menge Gründe gibt, und kein einziger sind die Gründe 1 oder 2. Meine Gründe sind zum Beispiel:

3. Ich denke nicht dran! Sondern an etwas komplett anderes. An das Geburtstagsgeschenk für meine Mama, den anstehenden Termin beim Zahnarzt oder wann die letzte Impfung vom Hund war …
4. Ich bin traurig, unsicher, fühle mich nicht gut und auf der mittleren Spur fühle mich sicherer.
5. Ich singe (was eigentlich unter 3 fällt, nur stärker).
6. Ich heule (was ebenfalls unter 3 fällt, nur stärker).

Es ist mir völlig unverständlich, wie L. nicht in Betracht ziehen kann, dass die Person vor uns völlig unabsichtlich handelt.

L. ärgert sich, aber statt zu denken: Ich ärgere mich, denn ich muss ausweichen, aber ich werde nicht absichtlich geärgert, sondern die Person ist vielleicht gerade gedankenlos oder unsicher, denkt L. (und sagt es auch noch):

»Du dämlicher Vollidiot!! Wenn du nicht fahren kannst, dann nimm den Bus!«, und stellt Mutmaßungen an, auf welchem Weg die Person vor uns an eine gültige Fahrerlaubnis gekommen sein mag.

Mich nervt das wahnsinnig. Versuche ich aber, L. die Gründe 3 bis 6 zu erklären, wird er noch stinkiger. Das Beste wäre es vermutlich, das Ganze unter ›bedingt liebenswerte Eigenheit‹ zu verbuchen und die Klappe zu halten, aber das schaffe ich nicht, was zur Folge hat, dass wir uns im Auto permanent in die Haare kriegen.

Im selben Maße, wie ich verständnisvoll und umsichtig mit anderen Verkehrsteilnehmern bin, gehen mir selbige Eigenschaften flöten, wenn es um andere Situationen geht:

Ich lerne auf Janas Geburtstagsparty eine Freundin von ihr aus Kindertagen kennen, die sich so wenig interessiert an einem Gespräch zeigt, dass es fast ins Unhöfliche lappt. Ich denke:

1. Sie ist eine blöde Gans.
2. Sie ist eifersüchtig auf meine Freundschaft mit Jana.

Und dann kommt L. und wirft ein:

3. Vielleicht ist sie traurig, unsicher oder fühlt sich nicht gut.
4. Vielleicht hat ihr Freund mit ihr Schluss gemacht.
5. Vielleicht ist ihr Kind krank.
6. Vielleicht wurde ihr gekündigt.

Der Attributionsfehler passiert immer dann, wenn wir das Verhalten einer Person mit deren Eigenschaften begründen (doof, intolerant, eifersüchtig) und dabei außer Acht lassen, dass Verhalten ganz oft situationsbedingt ist (Kind krank, Kündigung, schlechter Tag). Wollen wir wissen, warum jemand dieses oder jenes tut, macht oder sich deppert verhält, sehen wir uns den Menschen an – und dabei verlieren wir die Umgebung aus den Augen. Noch dazu sind ja oft die Umstände, die Gründe sein können, nicht sichtbar oder schon vergangen.

Wir machen den Attributionsfehler nicht, weil wir gar selbst doof sind, sondern weil wir, wie immer, Zeit sparen wollen/müssen. Zur Erinnerung: Anhand von menschlichen Reaktionszeiten hat man herausgefunden, dass das menschliche Gehirn Daten nicht schneller als 50 bis 60 Bits pro Sekunde verarbeitet, wenn es aufmerksam und bewusst Dinge tut, so etwas wie lesen oder Klavier spielen zum Beispiel. Die Menge von Informationen aber, die im Gehirn ankommt, liegt bei ungefähr elf Millionen Bits pro Sekunde. Also eigentlich müssten uns permanent alle Sicherungen durchbrennen. Was sage ich? Wir müssten in Flammen aufgehen! Aber wir haben ja Gott sei Dank den Clown, der uns, bis auf den kleinen bewussten Teil, alles abnimmt. Wer will ihm da verübeln, dass Flüchtigkeitsfehler passieren? Wenn wir Attributionsfehler begehen, versuchen wir lediglich, möglichst schnell und unkompliziert etwas zu erklären. Stellen Sie sich mal vor, was los wäre, wenn wir jedes Mal eine umfassende Analyse der Situationsbedingungen anleiern müssten, nur weil jemand sich in einer Weise verhält, die uns gegen den Strich geht.

Wen es interessiert: Der Informationsfluss zu unserem Gehirn splittet sich wie folgt auf:[39]

Sensorischer Reiz:	Bits per Sekunde:
Sehen	10 000 000
Fühlen (Tastsinn)	1 000 000
Hören	100 000
Riechen	100 000
Schmecken	1 000

Jetzt kann man natürlich das vollkommen ungerechte Fluchen von L. im Auto so lassen, wie es ist – das tut niemandem weh und wer weiß, vielleicht kann ich ihn irgendwann einfach vor sich hin schimpfen lassen und wir müssen bei Autofahrten nicht mehr streiten. Ich kann auch auf Geburtstagspartys weiterhin ebenso ungerechte wie unwahre Urteile fällen, und auch das tut niemandem weh. Aber warum wir den Clown doch im Auge behalten müssen, was diese Attributionssache angeht, hängt mit etwas zusammen, das man den ›ultimativen Attributionsfehler‹ nennt: Den begehen wir, wenn wir das negative Verhalten einer Person damit begründen, dass sie Mitglied einer sozialen Gruppe ist. Ausländer zum Beispiel. Oder Rentnerin. Oder Bayern-München-Fan, Single oder Jude. Positives Verhalten wird dagegen externen Faktoren zugesprochen, wie Glück oder Zufall. Wie gesagt, das geht automatisch und es ist ein anstrengender Willensakt, sich das klarzumachen, wenn man in die Attributionsfal-

---

39 *Encyclopaedia Britannica:* https://www.britannica.com/science/information-theory/Physiology (abgerufen am 23.12.2018).

le tappt. Anstrengung an sich mögen wir ja nicht so gerne, deswegen fühlt es sich irre gut an, wenn jemand, ein populistischer Politiker zum Beispiel, unserem Clown recht gibt.

Wir müssen uns also bewusst dagegen wehren und auf das bewusste, kontrollierte Denken umschalten – zu dem seriösen Herrn im dunklen Anzug –, wenn uns dieser Fehler passiert. Dafür verbraucht unser Hirn Zeit und Energie, das ist anstrengend und das fühlt sich deshalb viel weniger ›richtig‹ an als ein ›Das wird man ja noch sagen dürfen‹. Bei der Sache mit den Ausländern ist das recht schön zu sehen, wenn wir in ein Land reisen, gegen dessen Bürger wir Ressentiments hegen: Vor Ort fällt uns nämlich auf, dass auch dort, wie überall, Gottes Zoo groß ist und von Herzchen bis Arschgeigen alles vertreten ist.

Ein weiterer unschöner Aspekt des Attributionsfehlers ist die Schuldfrage. Einfach ausgedrückt heißt das: Wenn ich hinfalle, dann, weil es rutschig ist, wenn jemand anders hinfällt, dann, weil er nicht aufgepasst hat. Oder mit Dirks Worten: Ich habe keinen Job, weil die potenziellen Chefs doof sind, ich überqualifiziert bin oder der Arbeitsmarkt gerade ein Arschloch. Im gleichen Atemzug sagt Dirk aber über andere, die keinen Job haben: Selber Schuld, jeder, der arbeiten will, bekommt auch Arbeit. Ja nun.

Wir suchen eben auch die Gründe für das Unglück anderer in deren Persönlichkeit: Der Klassiker ist das Vergewaltigungsopfer, dem insgeheim eine Teilschuld zugeschrieben wird, weil es aufreizend gekleidet, betrunken oder am Ende sogar beides war. Sie hätte es wirklich besser wissen müssen, oder?

Als zwischen 2014 und 2017 Hacker die privaten (Nackt-)Fotos von weiblichen Prominenten klauten und veröffentlichten, darunter von Stars wie Jennifer Lawrence, Rihanna, Kate Upton, Kirsten Dunst, Ariana Grande, Kim Kardashian, Avril Lavigne, Cara Delevingne und Winona Ryder, wissen Sie, was da reihum zu hören war?

Also, wenn die so doof sind und Nacktfotos von sich machen/in die iCloud stellen/nicht genug sichern – tja. Das passiert halt dann. Das könnte doch von Dirk sein!

Es wurde NICHT empört nach einer harten Strafe für den Täter gerufen, sein Gesicht war nicht in allen Medien – niemand interessierte sich wirklich für ihn. Aber was die Opfer falsch gemacht haben könnten, das war total wichtig. Ebenso wird bei der Berichterstattung über Fälle von häuslicher Gewalt oft gefragt: Warum hat das Opfer ihn nicht rechtzeitig verlassen? Sich nicht besser geschützt? Und wenn Kinder beteiligt sind: Warum hat sie die Kinder nicht besser geschützt? Warum hat sie ihn nicht angezeigt? Und überhaupt: Warum sprechen sie erst jetzt? Das sind Clownfragen.

Das ist ungefähr so, als würden Sie mit Ihrem Kind im Sandkasten sitzen und ein anderes Kind fängt an, dem Ihrigen mit der Plastikschaufel auf den Kopf zu hauen – und die Anwesenden sagen so Dinge wie:

- Ihr Kind hätte ja weggehen können.
- Er sollte sowieso vorsichtshalber einen Helm tragen.
- … und hat es das andere Kind nicht recht frech angeguckt?

Sie werden in den sozialen Medien beschimpft, gemobbt, angegriffen? Jammern Sie nicht rum! Menschen, die sich im Internet beleidigt, belästigt oder persönlich verletzt fühlen, haben im Internet nichts zu suchen! Heutzutage sollte doch jede/r wissen, wie es dort zugeht und wie man damit umgehen sollte!

Die australische Komikerin Alice Brine hat, um auf die Thematik aufmerksam zu machen, eine recht schöne Analogie hinbekommen: Sie veröffentlichte einen Beitrag auf Facebook, in dem sie ankündigte, dass sie zukünftig mit betrunkenen Männern nach Hause gehen und diese bestehlen werde. Dass sie für die Taten belangt werde, mache ihr wenig Sorgen, da die Männer es besser hätten wissen müssen und dass sie vor Gericht komme, sorge sie erst recht nicht. Damit spielt die Australierin auf die Tatsache an, dass viele Vergewaltigungsopfer keine Anzeige erstatten und den Tätern so oftmals ein Prozess erspart bleibt. Aber auch eine Anzeige müsse noch lange nicht zu einer Verurteilung führen. Schließlich könne sie ja immer noch behaupten, dass »alles einvernehmlich« passiert sei. Und auch auf das gängigste Argument der Kleidung geht sie ein:

»Ihr hättet sehen sollen, wie er im Klub angezogen war. Teure Kleidung und Schuhe. Das hat schon eine gewisse Botschaft! Ich dachte, er wollte, dass ich mit ihm heimgehe und sein ganzes Zeug stehle. Er hat ja geradezu darum gebettelt.«[40]

---

[40] https://kurier.at/leben/victim-blaming-australierin-dreht-den-spiess-gekonnt-um/212.513.157 (abgerufen am 02.01.2019).

Stellen Sie sich vor, der Beklaute trüge bei einer Gerichtsverhandlung eine teure Armbanduhr – würde die Staatsanwaltschaft dann so etwas fragen wie: »Haben Sie die auch in der Nacht getragen, als es passierte?«

Absurd, oder? Also, warum machen wir das? Wenn es um sexuelle Gewalt von Männern geht, spielt immer noch diese eigenartige Vorstellung vom Mann als Tier eine Rolle, der seinem Trieb nun mal ausgeliefert ist: Kurzer Rock und tiefer Ausschnitt – was will er da schon machen?!

Wir tun das aber auch, weil es uns guttut – die Clownlogik ist nämlich folgende: Wenn die Opfer selbst an den schlimmen Dingen, die ihnen passieren, schuld sind – dann können wir uns, indem wir uns nicht so dämlich anstellen, vor solchem Unglück bewahren. Das ist ein viel angenehmerer Gedanke als: ES KANN DICH JEDERZEIT TREFFEN, DU OPFER!

Aber wenn uns dieser Fehler schon in die Wiege gelegt ist – was kann man dann tun? Das Allerwichtigste haben Sie schon getan: Sie wissen um ihn. Wie bei all den Clownfehlern ist es wichtig, ihn zu erkennen. Wenn Sie sich dann in einer Situation befinden, in der Ihnen ein derartiger Rückschluss durch den Kopf schießt, können Sie innehalten und auf den Typen mit der roten Nase zeigen: »Erwischt!« Indem Sie den Clown sichtbar machen, indem Sie etwas ins Bewusstsein holen, ist die halbe Arbeit schon getan. Ob das anstrengend ist? Natürlich ist es das …

Wenn Sie diese Anstrengung aber auf sich nehmen, hat das etwas Gutes, und zwar nicht nur für den betreffenden Migranten, die Rentnerin, den Juden oder das Opfer eines Verbrechens, sondern, ganz eigennützig, für Sie selbst:

Der amerikanische Wissenschaftler Dr. Frank Fincham, einer der 25 einflussreichsten Psychologen Amerikas, hat herausgefunden, dass es einen direkten Zusammenhang gibt zwischen dem Glück in einer Partnerschaft und der Attribution. In glücklichen Ehen schreiben die Eheleute positives Verhalten eher der Persönlichkeit ihres Partners zu und machen für negatives Verhalten Umstände und Situationen verantwortlich – in unglücklichen Ehen läuft es genau umgekehrt.[41] Spannend, oder?

---

41 Fincham, F. D et. al.: »Marital violence, marital distress, and attributions«. *Journal of Family Psychology* 1997, 11 (3), S. 367–372.

Hier ein Kasten, in dem Sie herumfuhrwerken können, wie Sie wollen:

Begründen Sie das Verhalten Ihrer Mitmenschen gerne mal damit, dass sie Mitglied einer sozialen Gruppe sind? Oder doof?
....
....
....

Was könnte eine alternative Erklärung für das Verhalten sein?
....
....
....

Verhalten Sie sich manchmal auch so?
....
....
....

17.
ICH WILL ABER!

Die meisten der Fehler, die wir so machen, sind ja derart, dass man sie einfach nicht mitbekommt. Der Clown wurstelt vor sich hin und solange wir keine sehr dummen Dinge anstellen, läuft er als Autopilot dahin, fleißig wie das Duracell-Häschen.

Es gibt aber auch Momente, da bemerken wir den Clown sehr wohl, aber er ist nicht willkommen, und deswegen ignorieren wir ihn – aber das funktioniert nicht gut. Was sage ich? Es funktioniert überhaupt nicht.

Zum Beispiel für Anna, eine Freundin, die ich über das Kind kennengelernt habe. Wenn man Kinder bekommt, etabliert sich ja plötzlich eine ganz neue Sorte Freunde im Leben, nämlich solche, die man nicht trifft, weil man sie mag oder weil man Interessen teilt, sondern weil das eigene Kind gerne mit dem Kind dieser Leute spielt. Solange die Kinder in einem Alter sind, in dem man noch in der Nähe bleiben muss, weil sich sonst ihre Überlebenschancen dramatisch verschlechtern, oder weil sie noch nicht länger auf ein zuständiges Elternteil verzichten wollen, bildet man so mit den Eltern des Kinder-Kumpels eine Art Schicksalsgemeinschaft.

Das kann mehr oder minder nett sein und man kann natürlich versuchen, das Kind dahingehend zu beeinflussen, dass es sich denjenigen Kumpel aussucht, dessen Eltern man einigermaßen sympathisch findet (»Der Matti ist doch so nett, magst du nicht mal mit dem Matti spielen?«), aber seien wir ehrlich: Man kann schon froh sein, wenn es sich bei den gegnerischen Eltern um Leute handelt, die man nicht ganz schrecklich findet. Ein Lichtblick in dieser Elternsache ist Anna. Dass sie Anna heißt, habe ich erst erfahren, als wir uns schon ein halbes Jahr kannten, zuvor hatte sie, wie alle anderen Mütter, die ich über das Kind kenne, den Titel *Mutter von* – und anschließend den Namen des zugehörigen Kindes. Anna war lange *Mutter von Leo*, und ich fand sie von Anfang an sympathisch, einfach, weil sie diejenige war, die morgens ebenfalls um genau eine Minute vor knapp ihr Kind im Eilschritt hinter sich her schleifte, um es noch rechtzeitig in den Kindergarten zu bugsieren, bevor die Pforten schlossen.

Anna stand auch, so wie ich, oft auf dem Spielplatz in der Nähe des Kindergartens, um ihrem Leo nach Kindergartenschluss noch etwas Auslauf mit Kollegen zu bieten, und – auch wie ich: Sie drehte sich manchmal Richtung Büsche, um noch einige Telefonate mit dem Handy zu führen. Wir machen das beide beileibe nicht für unser Privatvergnügen oder weil uns vor allen Anwesenden so graust, dass wir uns wegdrehen müssen, auch wenn ich das Gefühl habe, genau das unterstellen uns ein paar der anderen Mütter: Wenn Blicke töten könnten, würden Anna und ich definitiv nicht mehr unter Ihnen weilen. Jedenfalls entstand daraus eine Art Solidarität, schließlich ist es schöner, wenn man nicht alleine gehasst wird, sondern gemeinsam. Und wir saßen oder standen dann eben gemeinsam irgendwo herum – das war auch praktisch, weil jeweils eine kurz verschwinden konnte und die andere dann auf deren Kind mit aufpasste.

Aus diesem Herumstehen und sich Aushelfen wurde etwas richtig Nettes. Schließlich kann man ja in der Zeit, in der man auf das Kind im Sandkasten starrt, auch Gespräche führen, und zwar auch solche, die weder mit Kind noch mit Sandkasten etwas zu tun haben. So lernten wir uns nach und nach besser kennen, Anna bekam einen richtigen Vornamen und wenn Leo bei uns zu Hause zu Besuch war, dann blieben wir, auch nachdem die Kinder schon selig eingeschlafen waren, noch etwas sitzen und schenkten noch ein Glas Wein nach. Diese Anna jedenfalls trennte sich eines schönen Tages von ihrem zugehörigen Ehemann.

»Wir haben uns getrennt«, sagte sie ganz lapidar, als sie in meiner Küche saß und ich fragte, was es Neues gäbe. Noch bevor ich hektisch nach Schnaps und Tempo-Taschentüchern suchen konnte, winkte sie ab, als wolle sie eine Fliege verscheuchen: »Keine Panik, es ist kein Drama.«

›Kein Drama‹ war sogar noch untertrieben. Die beiden waren im Grunde schon lange getrennt, sie hatten es nur nicht ausgesprochen. Was mal eine große Liebe gewesen war, war im Laufe von 17 Jahren zu einer freundlichen Bruder-Schwester-WG geworden. Das einzige gemeinsame Interesse war Leo, und auf die Dauer war ihnen das einfach nicht genug. Sie waren sich nicht gram, sie machten sich keine Vorwürfe und sie konnten sich nach wie vor leiden – nur für eine Liebesbeziehung reichte es eben nicht mehr. Ich konnte es, ebenso wie wir ihr gesamtes Umfeld, zunächst gar nicht fassen. Alles, was ich über die beiden wusste und was ich von ihnen zu Gesicht bekommen hatte, hatte immer so einen harmonischen Eindruck gemacht!

»Es *ist* ja auch harmonisch!«, sagte Anna und zuckte dann mit den Schultern: »Aber eben auch nicht mehr«. Ja nun. Mitunter hat das Umfeld ja länger an so etwas zu kauen als die Beteiligten selbst: Hast du nicht gesehen, war der Anna-Ehemann ausgezogen, Leo pendelte einmal die Woche von Elternteil A zu Elternteil B und im Nullkommanichts war die neue Situation normal geworden. Das ging alles dermaßen problemlos und locker und sowohl A als auch B waren sich gegenseitig so wohlwollend gestimmt, dass es eine wahre Freude war. Sie stritten nicht über Geld, nicht über Sorgerecht und Besuchszeiten, sondern suchten immer nach Kompromissen und Lösungen, die für alle gut waren. Nach einem Jahr und einige Affären später stellte Anna uns schließlich einen neuen Mann vor. Er war groß, gut aussehend, freundlich und vor allem: Er trug Anna auf Händen und sie war glücklich.

Kurz darauf kam auch der Ex-Ehemann mit einer neuen Frau um die Ecke, eine reizende Südamerikanerin mit einem Herz so groß wie ganz Südamerika und wunderschönen schwarzen Augen. Leo, der das ganze völlig traumalos überstanden hatte, kam mit der neuen Situation gut klar und alles hätte wunderschön sein können.

»Ich bin selbst in einer Patchworkfamilie groß geworden«, hatte mir Anna kurz nach der Trennung erklärt und davon geschwärmt, wie in ihrer Kindheit alle Halbgeschwister und die neuen Lebensgefährten der Eltern zu einer großen Familie zusammengewachsen waren – deswegen machte sie sich auch keine Sorgen um die seelische Gesundheit ihres Sohnes.

In Annas Vorstellung würde es genauso bei ihnen auch werden: Sowohl der Exmann, Leo und sie als auch die ›Neuen‹ würden irgendwann an Weihnachten und Geburtstagen alle zusammen um den Tisch sitzen, vielleicht bekäme Leo ein Halbgeschwisterchen dazu von irgendeiner Seite und wenn im Haus gegenüber mal eine Wohnung frei werden sollte – wäre das nicht toll, wenn der Ex direkt gegenüber wohnen würde? Dann könnte Leo irgendwann zwischen A und B pendeln, wie er lustig ist! Auch der Ex-Ehemann fand die Idee gut, auch die Südamerikanerin und der Neue von Anna, alle eigentlich. Und irgendwann saß Anna heulend bei mir in der Küche.

Sie heulte nicht, weil sie nun doch den Ex zurückwollte oder irgend so ein Quatsch, der jetzt in einem Schnulzenroman käme, sondern sie heulte, weil sie unfassbar enttäuscht war – und zwar von sich selbst. Und das kam so:

Als Anna die Südamerikanerin kennenlernte, war sie ehrlich angetan. Total nett sei die gewesen, herzlich und hübsch und lustig und vor allem: reizend zu Leo und Balsam für den Ex. Die Frauen unterhielten sich und ja, es war eine gewisse Unsicherheit zu spüren, von beiden Seiten, aber im Prinzip, fand Anna, war dies durchaus eine Frau, mit der sie befreundet sein könnte. Und dann machten sie all diese Dinge, die Anna sich vorgestellt hatte: Sie erschienen alle zusammen auf einer Grillfeier von Freunden, sie feierten alle gemeinsam den Geburtstag von Leo und als Anna Besuch bekam von einem Pärchen, mit dem sie und ihr Mann über Jahre eng befreundet waren, unternahmen sie ein ganzes Wochenende lang alles gemeinsam – mitsamt Südamerikanerin und dem Neuen.

Am Ende dieses Wochenendes saß sie dann bei mir in der Küche und heulte. Sie hatte nämlich festgestellt, dass es überhaupt nicht so lief wie geplant. Je länger sie sich nämlich die Zweisamkeit von Ex und der Südamerikanerin mit ansehen musste, desto schlechter gelaunt wurde sie und desto schwieriger war es für sie, dieses ganze schöne Wohlwollen aufrechtzuerhalten.

»Das ist sooo anstrengend«, klagte sie und sah dabei wirklich verzweifelt aus. »Ich will das überhaupt nicht, aber ich muss mich total zusammenreißen, damit ich nicht die ganze Zeit total böse Sachen denke!«

Etwas überfordert nickte ich mit dem Kopf, und da fing sie auch schon an: »Ey, die ist über 40, wie ich, und zieht immer noch den Pulli über eine Schulter runter, so wie wir das mit 16 gemacht haben, weil das sexy aussieht. Und das Getue um ihre Haare! Immer zupft sie dran rum! Und weißt du, was sie macht? Sie ist Tänzerin! Weil sie jetzt zu alt wird, macht sie einen Kurs als Küchenhilfe, aber weißt du was?« Ich schüttle den Kopf, »Nein, was?«

»Sie ist Veganerin und kocht nichts, was Augen hat – wo will sie denn damit bitte einen Job finden?«

Anna ist aufgebracht. »Das Ding ist«, fährt sie fort, »wenn du das Gleiche machen würdest, würde es mich nicht im Geringsten stören! Warum stört es mich dann bei ihr? Sie ist doch nett!«

»Na ja,« finde ich, »vielleicht ging das doch alles ein bisschen schnell?« Anna schüttelt den Kopf: »Aber ich will ihn ja auch nicht zurück oder so! Ich will ja, dass es ihm gut geht!«

Es ist vertrackt: Anna WILL sich gut mit der neuen Frau verstehen, sie WILL, dass sie eine große Familie werden, und sie WILL einen wohlwollenden Blick kultivieren, einfach weil die Vorstellung so SCHÖN ist – aber das ist eben der Beschluss ihres seriösen Herrn im dunklen Anzug. Annas innerer Clown ist noch nicht so weit. Sie versucht, ihn zu ignorieren, aber das macht nur, dass er fast durchdreht. Wenn Anna auf den Ex und seine Frau trifft, strengt sie sich wahnsinnig an, um:

a) nett zu sein,
b) und vor allem: tatsächlich nett zu empfinden.

Und das ist so anstrengend, dass sie körperlich müde davon wird.

Ich weiß, niemand hat gesagt, es gäbe etwas für umme ... aber hey: Vielleicht muss man dem Clown auch mal etwas Zeit geben, um sich an eine Situation zu gewöhnen. So zu tun, als wäre er nicht da, bringt nämlich überhaupt nichts. Denn er hat ja seine ganz eigenen Methoden, um sich bemerkbar zu machen.

17. Ich will aber!

Hier ein Kasten, in dem Sie herumfuhrwerken können, wie Sie wollen:

Gibt es Situationen, die so und so sein MÜSSTEN – es aber einfach nicht sind? Obwohl Sie es gerne hätten?

....
....
....

Sind Sie sich deswegen gram? Könnte es sein, dass Zeit eine Rolle spielt?

....
....
....

Was wäre eine geeignete Maßnahme, damit es so und so wird?

....
....
....

18.
ICH KANN ALLES ÄNDERN, WAS ICH WILL

… und wenn nicht ich, dann jemand anders. Ich weiß nicht, wann oder wie das passiert ist, aber irgendwie hat sich in meinem Kopf der Denkfehler eingenistet, alles ist möglich. Und weil alles möglich ist, ist es alleine meine Schuld, wenn ich nicht ALLES erreiche. Dann strenge ich mich nur nicht genug an, lese nicht das richtige Buch oder konsultiere nicht den richtigen Therapeuten, Coach oder sonstigen Berater. Man muss nur wissen, wie, und sich richtig reinhängen – dann geht alles. Geht es aber nicht.

Egal, um welches Anliegen es sich handelt, ob man nun erfolgreicher werden will oder selbstbewusster, ob man sich deprimiert fühlt oder ungeliebt, ob man selbstzerstörerisch und überkritisch mit sich ist oder verletzt von einem geliebten Menschen: Man kann hart an einem Problem arbeiten, Ratgeber lesen, professionelle und auch völlig unprofessionelle Hilfe in Anspruch nehmen oder Medikamente nehmen, man kann Seminare belegen und sich auf den Kopf stellen und mit den Füßen wackeln. Solange wir es nicht schaffen, das Ziel zu erreichen, und nicht überwinden, was uns so sehr hindert, es zu erreichen, fühlen wir uns unzulänglich. Derweilen liegt es oft gar nicht in unserer Macht, etwas zu ändern!

Woher kommt überhaupt diese hirnrissige Annahme, wir wären derart mächtig?

1. Es wird uns permanent eingetrichtert.

Man darf nicht vergessen, dass ein Großteil aller Produkte und Leistungen, die uns so zum Kauf, Verzehr oder sonstigen Konsum angeboten werden, damit prahlen, irgendein Problem zu lösen. Und wenn es nur sprödes Haar ist. Dieses Nahrungsmittel macht Sie schlanker, jenes hilft gegen brüchige Fingernägel und wenn Sie Dingsbums essen, kurieren Sie Ihren Darm. Gegen Fältchen hilft die Creme XY, gegen Verdauungsbeschwerden diese Pille und wenn Sie nicht schlafen können, brauchen Sie nur das da nehmen. Sie haben ein Produkt gegen gelbliche Flecken auf weißer Wäsche zu Hause, eine Anleitung auf YouTube hilft Ihnen, den muffigen Geruch der Waschmaschine zu eliminieren, und wenn Sie eine Grippe haben, konsultieren Sie den Arzt. Can we fix it? Yes, we can! Bei Dings hilft Bums und wenn gar nichts mehr hilft, hilft die Versicherung. Eine Armee von Problemlösern ist permanent damit beschäftigt, jedes Unbill in unserem Leben in Ordnung zu bringen – von der kaputten Windschutzscheibe über Schädlingsbefall und der Steuererklärung bis hin zum Loch im Zahn.

Wer Stress in der Beziehung hat, kann zur Paartherapie, wer eine verstopfte Halsschlagader hat, kann zum Chirurgen, und wenn Sie nicht wissen, wer Sie in einem früheren Leben waren: Auch dafür gibt es Spezialisten, die Ihnen gerne dabei helfen, das herauszufinden. Sie können online oder per Buch oder Kurs achtsamer werden, Sie können mittels Meditation Ihre innere Mitte finden und sich auch gleich mit Ihrem inneren Kind anfreunden, wenn Sie eh schon da sind. Alles das wird einem angeboten – selbst schuld, wenn Sie es nicht machen.

All diese Dinge, zumindest fast alle, sind natürlich großartig (besonders das mit der Schädlingsbekämpfung). Unser Leben wäre überhaupt nicht denkbar, wenn es all diese Problemlöser nicht gäbe, und wir könnten ruhig alle mal aus Dankbarkeit auf den Knien nach Altötting rutschen.

Diese tolle Sache hat aber unser Hirn zu dem Umkehrschluss verleitet, dass es auch für jedes Problem tatsächlich eine Lösung gibt! Man muss nur herausfinden, welche das ist: Der Pfad zum Glück, das Geheimnis des Erfolgs, der 12-Punkte-Plan für ein besseres Leben oder der Schlüssel zu ewiger Gesundheit. Im Gegensatz zu sprödem Haar oder Schädlingsbefall gibt es aber jede Menge Probleme, die sich nicht lösen lassen. Nicht durch ein Produkt, nicht durch harte Arbeit an sich selbst und nicht durch professionelle (oder unprofessionelle) Hilfe. Weil ätsch.

2. Wir wollen es so gern glauben.

Dass es in unserer Macht steht, alles erreichen zu können, ist ein wunderbarer Gedanke. Deswegen fahren wir auch so ab auf Geschichten, in denen Leute unerreichbare Ziele durch große Anstrengung und harte Arbeit doch erreichen. Erfolgsstorys! Der belächelte Tüftler, der von der Werkstatt in der Garage zum Weltmarktführer wird, das Mädchen, das trotz Pigmentflecken zum Supermodel wird, und der Rollstuhlfahrer, dem gesagt wurde, dass er nie mehr gehen kann, und jetzt Marathon läuft. In Filmen, Liedern und Büchern schenken wir unser Herz den Protagonisten, die es trotz widriger Umstände doch noch schaffen, ihr Ziel zu erreichen, wir sehnen uns förmlich danach. Wir lieben diese Geschichten, sie vermitteln uns das, was die Essenz unseres Lebens ist, der Grund, warum wir überhaupt morgens aus dem Bett steigen: Hoffnung.

3. Sie gibt uns Hoffnung.

Hoffnung ist unsere einzige Motivation. Also die Annahme, dass zumindest die Möglichkeit besteht, an irgendeinem Zeitpunkt in der nahen oder fernen Zukunft ist irgendetwas anders im Sinne von besser als zum aktuellen Zeitpunkt. Wären wir davon nicht überzeugt – wozu sollte man sich dann überhaupt noch aufraffen, statt für immer auf dem Sofa liegen zu bleiben? Warum noch weiterleben? Hoffnung ist kein Gefühl, es ist die Überzeugung, dass irgendetwas es wert ist, dass Sie weitermachen, sich weiter bemühen. Wir brauchen Hoffnung so unbedingt zum Leben wie ein Fisch das Wasser. Ohne Hoffnung ist alles egal. ALLES. Das Gegenteil von Glück ist nicht Traurigkeit oder Hass. Wenn man traurig ist oder hasst, gibt es ja noch etwas, das Wert hat, etwas, weswegen man traurig sein kann oder das (den) man hassen kann. Das Gegenteil von Glück ist Hoffnungslosigkeit. Es ist die Wurzel vielen Übels: Drogenmissbrauch, Ängste, Depressionen, sie alle haben mit Hoffnung zu tun. Egal, in welcher Situation wir uns befinden, solange wir noch Hoffnung haben, sind wir noch nicht am Ende. Deswegen liebt unser Clown Hoffnung wie Kinder den Eismann und deswegen fahren wir so ab auf diese Geschichten.

You can get it if you really want – der größte Bullshit aller Zeiten und Quell ewiger Unzufriedenheit. Wenn wir glauben, dass alles möglich ist und wir es nur einfach nicht hinkriegen, fühlen wir uns unter Umständen so wie Rollstuhlfahrer, denen gesagt wurde, dass sie nie mehr gehen können, und die jetzt eben nicht Marathon laufen, sich aber die Story von dem einen anhören dürfen, der es mit seinem eisernen Willen eben doch geschafft hat. Als hätten wir versagt, obwohl es völlig unmöglich ist.

Es gibt Grenzen, die akzeptieren wir, zum Beispiel wird niemand voller Überzeugung sagen: »Ich bin zwar jetzt ausgewachsen und leider nur 165 Zentimeter groß, aber ich will unbedingt die 180 Zentimeter schaffen!« (Es sei denn, Sie wollen Supermodel werden und lassen sich die Beine brechen, aber dann haben Sie ein ganz anderes Problem.)

Ihrem Körper sind Grenzen gesetzt – aber eben auch Ihren Fähigkeiten, und zwar unabhängig davon, wie sehr Sie beide trainieren. Also nicht nur Ihren natürlich, denen von uns allen.

Alles, was wir ändern und schaffen wollen, muss sich innerhalb dieser Grenzen bewegen, sonst wird nämlich aus der Selbsthilfe reine Selbstzerstörung. (In einer idealen Welt erkennen wir diesen Fakt auch bei anderen an.) Je besser wir diese Grenzen kennen, desto besser können wir mit ihnen umgehen, statt uns permanent darüber zu ärgern, dass es sie gibt.

Eine der verbreitetsten Ideen dazu, wie man endlich so werden könnte, wie man sich das vorstellt, ist, sich damit zu beschäftigen, warum man, verdammt noch mal, genau so *nicht* ist und was einen daran hindert, so zu werden. Was hat mich so werden lasen?

Mit dieser Idee macht man dann eine Zeitreise in die Vergangenheit, um wichtige Gabelungen, Ereignisse und Reisegefährten zu betrachten, die für das jetzige Desaster verantwortlich sein könnten oder die zumindest einen Hinweis für den Grund desselben liefern können. Man geht rückwärts, so wie man noch mal in das Zimmer geht, aus dem man gekommen ist, wenn man vergessen hat, was man dort wollte. Das ist aus zwei Gründen verzwickt: wegen des Bestätigungsfehlers und des Rückschaufehlers. Beide führen dazu, dass man entweder völlig im Dunkeln tappt und irgendwann eine krude Theorie zusammenbastelt, die eventuell stimmt oder zumindest einigermaßen plausibel klingt, oder dass man nur im Dunkeln tappt. Es soll vorgekommen sein, dass jemandem die Antwort auf die Frage ›Warum?‹ geholfen hat, in einer Sache weiterzukommen, aber Vorsicht: Manchmal wird die Frage nach dem Warum wichtiger als das Desaster selbst – ein Vorschlag vom Clown, sich mit einfacheren Dingen zu beschäftigen.

Anne, meine Esoterikfreundin, haben Sie ja schon kennengelernt. Die mit dem Karma-Idioten, der auf Hawaii retreaten wollte. Genau. Er war beileibe nicht die erste Knalltüte, die Anne an Land gezogen hat, und in dieser Disziplin lieferte sie sich eine Art Kopf-an-Kopf-Rennen mit einer gemeinsamen alten Bekannten, nämlich mit Hanne. Regelmäßige Siegerin bei diesem fragwürdigen Schauspiel war Hanne, denn die kam mit den richtig schweren Geschützen an – Männer, die versucht hatten, ihr Bankkonto leer zu räumen, sie unfassbar schlecht behandelten, und es gibt einen, der darf sich Hanne die nächsten drei Jahre nicht auf weniger als 90 Meter nähern. SO schwere Geschütze. Nachdem allen, auch Hanne, klar wurde, dass in ihrer Männerauswahl irgendein krasser Systemfehler wütet, ging sie das Problem an, indem sie sich einen Therapeuten suchte.

Hurray!, dachten wir, und freuten uns für sie – und heimlich auch für uns, denn diese Art Dramen strengen ja nicht nur die Betroffenen an, sondern auch alle drum herum. Es dauerte gar nicht sehr lange, bis Hanne mit einer großen Erkenntnis vom Therapeuten kam: Nämlich war vermutlich ihr Vater Schuld an diesem Systemfehler, der war ein gut aussehender, charismatischer Typ und obendrein ein Charmeur, wie er im Buche steht, aber als Hanne drei war, wurde er jähzornig, gewalttätig und verließ Hanne und ihre Mutter schließlich. Hanne suche nun, sagte der Therapeut, stets Männer aus, die sie an ihn erinnerten. Das leuchtete Hanne ein und sie fand, dass es durchaus an der Zeit wäre, sich nun nach jemandem umzusehen, der nicht eine komplette Katastrophe ist, aber trotz des hehren Zieles fühlte sie sich immer nur wieder zu genau dieser Art Männer hingezogen. Sie fühlte sich immer schlechter – jetzt, wo sie doch endlich das Warum wusste, gelang es ihr immer noch nicht, den Systemfehler zu beheben!

Ein Freund von L., ein trockener Alkoholiker, verzweifelte genauso: Nach Jahren der Abstinenz hatte er sich eines Tages, es war stressig in der Arbeit, nach Feierabend ein Bier ›gegönnt‹. Nach so vielen Jahren, dachte er, würde er das Ganze jetzt wohl im Griff haben – und hatte es innerhalb von nur zwei Monaten nicht mehr. Aus einem Bier wurde täglich ›nur eines‹ und dann ging es rasant bergab. Nach den zwei Monaten stand er fassungslos vor dem Spiegel und fragte sich, wie das hatte passieren können. Er fühlte sich wie der größte Versager der Welt und verzweifelte an der einen Frage:
Warum passiert mir das?
Es war ja nicht so, dass er es nicht besser wusste. In seinem Fall fand der Therapeut keinen naheliegenden Grund in der Kindheit oder sonst wo und die Suche nach diesem Warum wurde zum zentralen Thema. Wenn er nur verstünde, warum, so die Idee, dann würde dieses Wissen dazu beitragen, dass er geheilt würde. An Hanne haben wir gesehen: Das ist nicht gesagt.
Es kann sein, dass Sie haargenau wissen, was (oder wer) in Ihrer Vergangenheit dazu geführt hat, dass Sie so und nicht anders handeln – nützen tut Ihnen das noch lange nichts. Der schwere Part kommt ja erst noch, denn das Wissen löst problematische Verhaltensweisen nicht in Wohlgefallen auf. (Abgesehen davon

benutzen manche Menschen dieses Wissen auch als Entschuldigung für ein ›*so bin ich nun mal und kann nicht anders*‹.

Beide, so unterschiedlich ihr Problem auch ist, gingen fast daran kaputt, dass es ihnen nicht möglich war, sich trotz besseren Wissens zu ändern. Gott sei Dank kamen beide mit professioneller Hilfe an den Punkt, an dem sie erkannten:

Aus bekannten Gründen (Hanne)/unbekannten Gründen (der Alkoholiker) reagiere ich auf blöde Typen/Alkohol auf eine Art und Weise, die mir nicht gefällt. Dass ich auf die Idioten stehe/ trinke, sagt nicht, dass ich eine schwache, bescheuerte Person bin und es einfach nicht hinkriege, sondern lediglich, dass in meinem Hirn in bestimmten Situationen die Neuronen durchdrehen, weil ein paar Kabel falsch verlegt sind.

Neurobiologen wissen schon lange, dass es Einstellungen gibt, die nicht veränderbar sind. Alkohol kann einen Teil im Hirn ansprechen, der sagt: »Das ist toll, das müssen wir unbedingt noch mal machen!« Das bekommt man mit Vernunft nicht weg und auch nicht durch das Herausfinden, warum diese Einstellung existiert. Hanne wird, wenn sie einen Knalltüten-Kandidaten kennenlernt, von einem Teil ihres Gehirns geleitet, der vor langer Zeit so und nicht anders programmiert worden ist. Darüber zu verzweifeln und darüber, dass man das nicht ändern kann, bringt keinen von beiden weiter.

Was beide aber weiterbringt, ist, zu akzeptieren, dass sie so funktionieren – und dann sehen, was sich damit machen lässt. Das meine ich mit den Grenzen. Damit zu hadern, dass man ist, wie man ist, führt nur dazu, sich noch schlechter, noch minderwertiger und noch doofer zu fühlen. Natürlich will unser Alkoholiker wieder trocken werden und Hanne hätte gerne mal einen netten Mann an ihrer Seite. Das sind die Dinge, in die beide ihre Energie stecken müssen: das beste Entzugsprogramm finden, den geeignetsten Therapeuten oder, im Fall von Hanne, eine Gruppe von Freundinnen mit einem zuverlässigen Trottel-Radar – und auf sie hören.

Ich bin glücklicherweise von den Problemen dieser beiden verschont geblieben. (Ist auch mal schön, oder? Sich zu freuen, welche Probleme man *nicht* hat.) Aber irgendwas ist ja immer und so war ich zum Beispiel immer rasend unglücklich wegen meiner Unsicherheit. Ich bin elend unsicher, war ich schon immer. Ich kann das zwar eine Zeit lang kaschieren, aber es ist irre anstrengend. Als ich noch in der Werbeagentur gearbeitet habe, war mein meistgehasstes Wort ›Teamarbeit‹, dicht gefolgt von ›Videokonferenz‹. Alles, was mit Leuten zu tun hat, die ich nicht gut kenne, ist mir tendenziell ein Grauen und ich kann noch nicht mal meine Eltern verantwortlich machen: Die beiden haben mich immer brav unterstützt und bestätigt und lieb gehabt. Ich bin also ganz alleine schuld. Ich dachte immer, dass die Lebenserfahrung, das Mutterwerden, die Liebe oder sonst irgendwas irgendwann dafür sorgen würde, dass es besser wird, aber das wurde es nicht. Mir bricht auf einer Party, auf der ich niemanden kenne, oder die einzige Person, die ich kenne, verschwindet, immer noch der Schweiß aus. Schon immer wollte ich (außer L., einem Kind, finanzieller Unabhängigkeit, Gesundheit und Häagen-Dazs-Eis) vor allem: selbstsicherer sein. Ich wollte mich nicht so unsicher fühlen, Unsicherheit stinkt. Ich fand mich zeitweilen selbst so blöd, dass ich glatt Sympathien für Leute empfand, die mich auch blöd fanden: Wir hatten schließlich was gemeinsam!

Ich musste aber einsehen:
Wenn man einfach so beeinflussen könnte, wie und was man so fühlt – also, dann hätte ich *wirklich* auf ganzer Linie versagt und sollte mich jetzt endlich darum kümmern, das mit der Unsicherheit ein für alle Mal loszuwerden. Man kann aber nicht beeinflussen, wie man fühlt, es kommt nur darauf an, was man mit diesen Gefühlen macht! Und ein Erfolg auf ganzer Linie heißt in diesem Zusammenhang nicht, dass ich weniger unsicher bin, sondern dass ich mich bemühe, mit dieser Unsicherheit so gut wie möglich umzugehen.

Deswegen versuche ich nicht mehr, weniger unsicher zu sein oder das zu überspielen, indem ich auf Partys fremden Leuten ins Gesicht grinse, bis mir der Kiefer wehtut, oder Cocktails in mich reinschütte und mich später in die Rabatten übergebe. Ich ärgere mich auch nicht mehr im Angesicht dieser rasenden Ungerechtigkeit, dass ich Unsicherheit mit in die Wiege gelegt bekommen habe (statt eines strahlenden Teints oder der Krone Englands). Ich versuche lieber, Situationen zu schaffen, in denen ich mich sicher fühle, und mich mit Menschen zu umgeben, die mich kennen und mögen. Und ich weiß, ich stehe nicht alleine da. Wenn ich ›Unsicherheit überwinden‹ google, erscheinen 3 090 000 Ergebnisse, deswegen an dieser Stelle: Hallo! Sie sind nicht allein und außerdem ganz normal.

> **Hier ein Kasten, in dem Sie herumfuhrwerken können, wie Sie wollen:**
>
> Welche Eigenschaft würden Sie am liebsten an sich ändern?
> ....
> ....
> ....
>
> Wenn das nicht möglich ist: Was wäre der beste Umgang mit dieser Eigenschaft?
> ....
> ....
> ....
>
> Wer könnte Sie dabei unterstützen?
> ....
> ....
> ....

19.
SPOTLIGHT

Es gibt zwei Dinge, die habe ich von WhatsApp gelernt, nämlich: Öffne nie GIFs von Unbekannten und:

Egal, wie lange jemand nicht anwortet: Es ist nicht böse gemeint!

WhatsApp hat mir die Gelegenheit gegeben, mich und meine Mitmenschen besser kennenzulernen, allerdings nicht aufgrund der Kommunikationsmöglichkeiten, sondern aufgrund der Interpretationsmöglichkeiten. Hier ein paar Klassiker:

- Ich schreibe meinem Liebsten eine Nachricht, dass ich ihn vermisse, mit Herzchen und Kussmund und allem – und er liest sie über Stunden nicht. Oder noch schlimmer: Er antwortet über Stunden nicht. OBWOHL ER SIE GELESEN HAT!

Mein Clown versteht: Du bist mir egal und ein bisschen lästig, in meinem Leben gibt es hundert Dinge, die mir wichtiger sind als du.

19. Spotlight

- In unserer Damenrunden-WhatsApp-Gruppe mit vier Teilnehmerinnen frage ich, ob jemand Bock hat, morgen Abend auf ein Glas ins Einstein zu gehen – und ich bekomme über Stunden keine Antwort, OBWOHL ALLE SIE GELESEN HABEN!

Mein Clown versteht: Du bist uns egal und ein bisschen lästig, mal sehen, ob uns noch etwas Besseres einfällt, als uns mit dir zu treffen.

- Für den Geburtstag des Kindes gründe ich eine Gruppe und schreibe den zehn zuständigen Eltern der Kinder, die das Kind einladen will, wir würden gerne nächsten Samstag mit ihnen feiern – und bekomme die erste Antwort erst am nächsten Tag und die letzte Tage später, OBWOHL ALLE DIE EINLADUNG GELESEN HABEN!

Mein Clown versteht: Das Kind ist uns egal, es ist das unbeliebteste Kind der Schule und soll bleiben, wo der Pfeffer wächst.

Das formuliere ich so nicht aus, aber das ist das Gefühl, das das Ignorieren der Nachrichten hinterlässt. Getoppt wird es von dem grässlichen ›ist online, aber antwortet nicht‹ – das ist so etwas wie das neue ›Leck mich am Arsch‹, oder?

Jana treibt mich mit ihrem ganz eigenen WhatsApp-Verhalten regelmäßig in den Wahnsinn, denn wenn wir schreiben, ob wir uns am Tag X abends auf ein Glas treffen wollen, verschwindet sie plötzlich, just als es um die Uhrzeit geht! Ich starre auf die zwei grauen Häkchen (Nachricht angekommen) und sie meldet sich erst Stunden später.

Alle diese Beispiele haben eins gemeinsam: Ich denke jedes Mal, die Reaktion oder deren Ausbleiben hat etwas mit mir zu tun. Hat sie aber nicht! Das bemerke ich aber erst, wenn ich mir ansehe, warum ich manchmal auf Nachrichten nicht oder verspätet antworte, da gibt es nämlich eine ganze Reihe von Gründen:

- Ich bin gerade beim Zahnarzt/Physiotherapeuten/Steuerberater/you name it und habe ›nur schnell‹ meine Nachrichten gelesen, habe aber keine Zeit zu antworten.
- Ich lasse Liebesnachrichten gerne ungelesen auf meinem Handydisplay, weil ich sie mir dann immer mal wieder ansehen kann.
- Ich lese die Liebesnachricht, freue mich drüber und lächle die ganze Zeit in mich hinein, ohne das geringste Bedürfnis, darauf zu antworten.
- Ich muss erst noch Dings und Bums checken, um zu wissen, ob ich morgen Abend Zeit habe, mit den Damen auf ein Glas zu gehen.
- Die Frage, ob wir zum Kindergeburtstag von XY kommen, kann ich erst beantworten, wenn ich mit L. und dem Kind abgesprochen habe, ob wir nun den geplanten Ausflug machen oder nicht.

So sieht's aus, mehr ist nicht. In keinem Fall beinhaltet einer meiner Gründe ein ›egal‹. Es passiert mir auch, dass ich online bin und eine neue Nachricht nicht lese: Ich sehe sie auch so und beschließe unter Umständen, erst zu antworten, wenn ich eine Antwort habe – die Nachricht nicht zu öffnen bedeutet in diesem Fall lediglich, dass ich mir zwei unnötige Klicks spare. Auch hier: keine Spur von ›egal‹, geschweige denn von ›*Leck mich am Arsch*‹.

Das Lustige ist: Obwohl ich das weiß (und mir das von L. auch persönlich versichern ließ), fühle ich trotzdem so, wenn eins der oben genannten Beispiele eintritt. Das geht ganz automatisch!

Dass ich die Aktionen meiner Lieben (und auch Außenstehender) auf mich beziehe, als wäre ich der Nabel des Universums, kommt nicht daher, dass ich mich tatsächlich dafür halte (weiß Gott nicht): Es ist ganz normal. Wir überschätzen permanent die Aufmerksamkeit, die uns die Welt schenkt, das ist ein alter Clownhut. Er heißt: Spotlight-Effekt, und wir fallen alle drauf rein.

Wenn Sie beim Meeting vor versammelter Mannschaft den halben Kaffee über Ihr weißes T-Shirt leeren, auf der Party Ihren Martini verschütten oder vor den Augen der anderen Passanten gegen eine Laterne laufen, weil Sie auf das Display Ihres Handys gucken: Was meinen Sie? Was denken sich die anderen Leute?

Die Antwort ist einfach: nichts. Gut, im Fall mit der Laterne werden sie zuvor schmunzeln. Und es dann wieder vergessen.

Die Wahrheit ist erleichternd und fast schon beleidigend: In der Regel interessiert sich die Welt nicht im Geringsten für Sie.

Das steht im krassen Gegensatz zur eigenen Wahrnehmung, denn unsere Aufmerksamkeit ist auf uns selbst gerichtet und wir tun uns total schwer damit einzuschätzen, wie viel Aufmerksamkeit uns andere schenken. In einem Raum voller Leute bemerken wir jede Kleinigkeit an uns und gehen davon aus, dass die Umgebung das ebenfalls tut – und außerdem noch bewertet. Man fühlt sich sozusagen unter ständiger Beobachtung, obwohl man das gar nicht ist. Wenn Sie zu einem Meeting oder einem Vortrag zu spät kommen und die Tür öffnen und alle drehen kurz den Kopf:

Sie fühlen sich vermutlich, als wäre ein Scheinwerfer auf sie gerichtet. Es ist aber nur ein kurzes Kopfdrehen, niemand interessiert sich für Sie. (Es sei denn, Sie müssen an allen vorbei auf Ihren Platz in der ersten Reihe einer Kabarettvorstellung. Da werden Sie gerne spontan ins Programm einbezogen. Michael Mittermeier hat das einmal sehr schön exerziert, als er auf der Bühne einen Zuschauer fragte, wieso er zu spät komme. »Ich war im Stau«, war dessen Antwort, und er behielt auch die Nerven, als Mittermeier witzelte: »Die anderen 800 Leute hier waren rechtzeitig, obwohl Stau war!«, indem er antwortete: »Ich war halt der Letzte im Stau.«) So cool ist man nicht, oder? Ein bisschen Gestotter, rote Ohren und ein gequetschtes ›Entschuldigung‹ bekommt man heraus und ziemlich sicher fühlt man sich die komplette Show über, als säße man auf dem Präsentierteller.

Nehmen wir mal an, Sie müssten ein T-Shirt tragen, auf dem, sagen wir, in Übergröße der lächelnde Heino abgebildet ist, mit schwarzer Sonnenbrille und allem, und Sie müssten derart ausstaffiert an die Türe eines Seminarraums klopfen, in dem gerade eine Gruppe Leute einen Fragebogen ausfüllt. Sie treten also ein, die Leute schauen auf, der Versuchsleiter vorne im Raum wechselt ein paar Worte mit Ihnen und zieht dann einen Stuhl heran, auf dem Sie Platz nehmen können. Danach werden Sie dann wieder nach draußen geholt und gefragt:

Wie vielen der Anwesenden, schätzen Sie, ist Ihr modisches Highlight aufgefallen? In Prozent.

Was würden Sie sagen?

Der US-amerikanische Psychologe Prof. Dr. Thomas Gilovich von der Cornell-Universität ließ seine Studenten genau das machen, nur dass die amerikanische Entsprechung von Heino auf ihrem T-Shirt prangte, nämlich Barry Manilow. Hätten Sie mich gefragt, ich hätte geschätzt, dass ALLE Anwesenden meinen Aufzug bemerkt hätten und sich außerdem die Frage gestellt hätten, ob ich zu Hause eigentlich einen Spiegel besitze. Die Studenten waren etwas selbstsicherer, sie tippten, dass ungefähr 50 Prozent ihr peinliches T-Shirt aufgefallen war. Tatsächlich konnte sich lediglich ein Viertel der Leute daran erinnern. Wenn Sie sich besonders cool anziehen und es damit darauf anlegen, dass man Sie bemerkt, ist der Grad der Aufmerksamkeit sogar noch geringer: Gilovich wiederholte das Experiment, ließ aber diesmal die Studenten ein T-Shirt aussuchen, das sie besonders toll fanden: mit dem Konterfei von Jerry Seinfeld, Bob Marley oder Martin Luther King darauf. Und wieder tippten die Studenten, dass dies zumindest der Hälfte der Leute im Gedächtnis geblieben war. Es waren gerade einmal zehn Prozent. Das Umfeld ist gänzlich unbeeindruckt, auch wenn Sie versuchen, ganz besonders toll auszusehen.

Mit anderen Dingen verhält es sich im Übrigen ähnlich: Wenn Sie in Ihrem neuen, schicken Auto durch die Straßen fahren, brauchen Sie gar nicht zu winken wie die Queen von England, denn es interessiert keinen. Und wenn doch jemand guckt, ist es nach einer Millisekunde wieder vergessen, an Sie persönlich erinnert sich niemand. Auch nicht, wenn Sie beim Karaoke singen danebenhauen oder, mein ganz persönlicher Albtraum, sich bei einem Vortrag vor großem Publikum verhaspeln. Das fällt niemandem auf, es sei denn, Sie gehen darauf ein und entschuldigen sich wortreich dafür – tun Sie einfach so, als wär nichts!

Also, wenn Sie immer noch die Erinnerung an den Moment plagt, in dem Sie etwas Blödes gesagt haben, etwas verkehrtherum anhatten oder vor versammelter Mannschaft auf die Schnauze gefallen sind: Vergessen Sie's, Sie sind vermutlich der/die Einzige, der/die das noch weiß. Ihr Clown merkt sich nur gerne Sachen, die mit Ihnen zu tun haben, andere Leute verdrängt er getrost.

(Es sei denn, Sie haben auch so reizende Freundinnen wie ich, die so was gerne wieder aufleben lassen, aber das steht auf einem anderen Blatt.)

19. Spotlight

So wie das Spotlight Sie selbst beleuchtet, kann es auch andere Dinge beleuchten – und Ihre Aufmerksamkeit für Dinge außerhalb des Scheinwerfers nahezu ausschalten. Hier kommt die ultimative Entschuldigung für alle, die ...

- die Butter im Kühlschrank nicht finden,
- den EXTRA neben die Wohnungstür gestellten Müll nicht sehen,
- die neue Frisur nicht bemerken,
- ausgezogene Kleidungsstücke auf dem Boden ignorieren,
- die Klopapierrolle nicht wechseln.

Also Männer.

Ich dachte lange Zeit, L. wäre ein besonders ignorantes Exemplar seines Geschlechts, und unterstellte ihm Gedankenlosigkeit, Ignoranz und verschiedene andere unschöne Dinge, die ich mir als Grund zurechtlegte, warum im Schlafzimmer um unser Bett stets ein Muster aus getragenen Herrensocken entsteht. Um mich nicht mehr darüber zu ärgern (und auch, weil L. mir versicherte, dass es nicht daran lag, dass er Sockendinge als meine Aufgabe ansieht), sah ich ein: Er kann nicht anders. Ich bastelte ihm ein Krankheitsbild, nämlich eine Sehbehinderung, die seine visuelle Wahrnehmungsfähigkeit in Sachen textiler Fußbekleidung einschränkt, und damit konnte ich leben.

Jetzt habe ich herausgefunden, dass Psychologen das anders nennen, nämlich: Unaufmerksamkeitsblindheit.

Das ist die korrekte Bezeichnung von Nichtwahrnehmung von Objekten. Das Überraschende: Ich hab sie auch. Und Sie auch.

Eindrücklich zu sehen ist das in einem Video von zwei Psychologen (Daniel Simons und Christopher Chabris), in dem drei Menschen mit weißen T-Shirts und drei Menschen mit schwarzen T-Shirts in einer Art Eingangshalle vor zwei Aufzügen zu sehen sind. Wenn Sie den Versuch selbst ausprobieren wollen, sehen Sie sich das Video unter www.theinvisiblegorilla.com an, bevor es weitergeht.

Beide Teams haben einen Ball und während sie sich bewegen, werfen die Mitglieder der Teams den Ball hin und her. Die Aufgabe, die Ihnen gestellt wird: Sie sollen die Ballwechsel des weißen Teams zählen. Eigentlich keine schwere Aufgabe. Am Ende des Videos bekommen Sie die Auflösung: Es sind 15 Ballwechsel. Und noch während Sie sich freuen, was für ein schlauer Fuchs Sie sind, erscheint die Frage auf dem Bildschirm: Haben Sie den Gorilla bemerkt?

What? Und dann sehen Sie sich das Video noch einmal an und tatsächlich: Jetzt, wo Sie nicht mehr auf das Zählen der Ballwechsel konzentriert sind, sehen Sie, wie ein Mensch in einem Gorillakostüm mitten durch die Szene schlendert, in der Mitte kurz stehen bleibt, winkt, und auf der anderen Seite wieder hinausschlendert. Unfassbar, dass Sie den nicht bemerkt haben!

Unsere Konzentration ist auf etwas anderes gelenkt und so werden wir ›blind‹. Kein Wunder, dass ich beim Einkaufen auf der Suche nach Brokkoli meine Nachbarin nicht erkenne (die direkt davorsteht). Ich würde noch nicht mal einen Gorilla sehen!

Es gibt übrigens unter diesem Video ein zweites Video. Wieder bewegen sich die zwei Teams, diesmal vor einem Vorhang, und werfen sich den Ball hin und her, aber diesmal weiß ich ja schon, was kommt, und sehe den Gorilla, der durch das Bild schlendert. Ich schlauer Fuchs.

»Haben Sie bemerkt, dass sich die Farbe des Vorhangs geändert hat?«, heißt es jetzt, und nein, das habe ich nicht bemerkt. Auch nicht, dass einer der Spieler des schwarzen Teams das Spielfeld verlassen hat. Es ist unglaublich – aber die Augen sind nun mal keine Kameras und wir nehmen nur wahr, auf was unsere Aufmerksamkeit gerichtet ist.

Wir denken nicht nur, wir nähmen alles wahr, wir denken auch, wir könnten uns an alles erinnern und würden Veränderungen bemerken – unser Clown hält sich auf diesem Gebiet für einen großartigen Beobachter, ist aber tatsächlich in beidem miserabel. Wenn ich Ihnen sage, in einem Zwei-Minuten-Video, das nur zwei Frauen an einem Tisch zeigt, die ein paar Sätze wechseln, sind neun offensichtliche und absichtliche Folgefehler versteckt, würden Sie sich zutrauen, diese zu entdecken? Natürlich würden Sie das. Vielleicht nicht alle.

Wenn Sie nicht vorher darauf aufmerksam gemacht werden, erkennen Sie keinen. Sie sehen nicht, dass das Essen auf dem Teller abwechselnd mit den Einstellungen mal vor der einen, mal vor der anderen steht. Sie sehen nicht, dass eine der beiden in manchen Einstellungen ein Halstuch trägt, in anderen nicht, geschweige denn, dass sich die Farbe der Teller ändert oder die Position eines Armes ...

Dieselben zwei Schlaumeier von Psychologen überprüften auch, ob diese ›Veränderungsblindheit‹, wie sie es nennen, so weit gehen kann, dass man gleich unbemerkt ganze Personen austauscht: Sie erzählten Teilnehmern, sie müssten vor dem eigentlichen Versuch ein Formular ausfüllen, und verwiesen sie an einen Mann hinter einem Empfangstresen, ähnlich denen, wie sie in Hotels an der Rezeption stehen. Der händigte das Formular aus und nahm es unterschrieben zurück, bückte sich hinter dem Tresen um es vornehmlich zu verstauen – und ein ganz anderer Mann tauchte an seiner Stelle wieder auf. Er händigte den Probanden Informationsmaterial aus und verabschiedete sie. Dass sie es mit zwei unterschiedlichen Personen zu tun hatten, bemerkten 75 Prozent der Teilnehmer nicht!

Können Sie sich vorstellen, wie unfassbar schwer es sein muss, vor Gericht Zeugenaussagen zu bewerten? Wie wenig wir wahrnehmen, wenn wir abgelenkt sind, und wie viel wir meinen wahrzunehmen, wenn wir abgelenkt sind, klafft meilenweit auseinander! Deswegen fummeln immer noch Leute während des Autofahrens an ihrem Handy rum. Sie gehen davon aus, dass sie das mit der Aufmerksamkeit schon hinkriegen. Dabei haben Studien ergeben: Wer beim Autofahren telefoniert, kann auch mit weit aufgerissenen Augen ein anderes Auto oder einen Radfahrer oder Wild übersehen.

19. Spotlight

Ich muss oft an diese Fakten denken. Wenn ich Autofahrer am Handy sehe, natürlich, aber auch, wenn L. in der Küche steht und telefoniert und dabei Notizen macht, mich ansieht und ihm nicht auffällt, dass ich das Wahnsinnsoberteil anhabe, das ich mir neu gekauft habe. Aber er würde wie gesagt vermutlich nicht mal ein Wildschwein bemerken.

Hier ein Kasten, in dem Sie herumfuhrwerken können, wie Sie wollen:

Was ist Ihnen immer noch ultrapeinlich und ALLE haben es gesehen?
....
....
....

Können Sie sich daran erinnern, wann Sie das letzte Mal beobachtet haben, dass ebendas jemand anderem passiert ist?
....
....
....

Und was sieht Ihr Partner zu Hause nicht? Ist das unauffälliger als ein Gorilla?
....
....
....

20.
BAHNUNG UND ANDERE LEUTE

›Bahnung‹ oder auch ›Priming‹ heißt es, wenn ein bestimmter Reiz (zum Beispiel die Erinnerung daran, wie Sie mal die Zeche geprellt haben) Ihren Gemütszustand und auch Ihr Verhalten beeinflussen kann (Sie würden sich gerne die Hände waschen). Das passiert allerdings alles unbewusst – und permanent.

Um bei dem Beispiel zu bleiben:

Wenn ich Sie anschließend in Ihrem Badezimmer beim Händewaschen sehe und Sie frage:

»Warum waschen Sie sich gerade die Hände?«, würden Sie sich nicht erinnern, dass gerade der Gedanke an die Zechprellerei durch Ihr Hirn gewabert ist, sondern Ihr Hirn würde irgendwas erfinden, wovon Sie auch selber glauben, dass es der Grund ist. Es füllt sozusagen eine logische Lücke, die Sie haben, weil die Erinnerung nicht bewusst passiert ist. Sie würden mir vielleicht antworten:

- »Mir war danach, irgendwie.«
- »Wegen der Bakterien!«
- »Das ist ein erfrischendes Gefühl!«

Natürlich könnten Sie auch entgegnen: »Was machen Sie in meinem Badezimmer?«, aber darum geht es jetzt nicht.

Tatsächlich passiert das den ganzen Tag: Wir werden permanent von unserem Unterbewusstsein manipuliert und bekommen es überhaupt nicht mit.

Der Clownfehler besteht darin, dass wir der Überzeugung sind, dass wir sehr wohl wissen, warum wir was tun, und wir sehr wohl merken, wenn wir beeinflusst werden. Tun wir nicht.

Ein ganz wunderbares Experiment dazu und ein Klassiker ist eine Studie aus dem Jahr 2003 von Aaron Kay, Christian Wheeler, John Bargh und Lee Ross, in der die Teilnehmer in zwei Gruppen eingeteilt wurden:[42] Die einen bekamen eine Reihe Bilder vorgelegt, die sie mit einer Linie mit passenden Textbausteinen verbinden sollten. Auf den Bildern waren unter anderem Tiere und Alltagsgegenstände abgebildet. Die andere Gruppe hatte genau die gleiche Aufgabe, allerdings mit dem Unterschied, dass auf den Bildern Objekte zu sehen waren, die man unter dem Begriff ›Geschäftswelt‹ zusammenfassen könnte, also Taschenrechner, Aktenkoffer, ein schicker Füllfederhalter und solche Dinge.

Anschließend ließen sie alle Teilnehmer mit einem Partner ein Strategiespiel spielen, bei dem Geld zu gewinnen war. Verhielten sie sich fair, gewannen dabei sowohl Teilnehmer als auch Partner gleich viel. Über 90 Prozent der Teilnehmer, die zuvor die neutralen Bilder zu sehen bekommen hatten, handelten genau so: Sie teilten den

---

[42] Marguerite Rigoglioso, »Even the Furniture Can Affect Business Attitudes«, October 1, 2004 https://www.gsb.stanford.edu/insights/even-furniture-can-affect-business-attitudes (abgerufen am 12.02.2019).

Gewinn gerecht auf. In der Gruppe der Teilnehmer, die zuvor Bilder aus der Geschäftswelt betrachtet hatten, versuchten 77 Prozent, ihren Partner bei der Aufteilung des Geldes zu übervorteilen.

Die Wissenschaftler machten den gleichen Versuch noch einmal, diesmal aber nicht mit Bildern, sondern mit echten Gegenständen: Im Raum der einen Hälfte platzierten sie neutrale Gegenstände, einen Rucksack zum Beispiel, eine Schachtel, und zum Schreiben lagen hölzerne Bleistifte bereit. Im Raum der anderen Hälfte befanden sich auf einem Tisch in einer Ecke ›Geschäftsutensilien‹: eine Aktentasche, eine Ledermappe und vor den Probanden ein Füllfederhalter. Als sie nun das Spiel spielten, teilten alle Teilnehmer der ersten Gruppe das Geld gerecht auf. Die Teilnehmer, die im Raum mit den Geschäftsutensilien spielten, waren dazu nur in 50 Prozent der Fälle bereit.

Das Lustige ist: Als die Gruppen im Anschluss gefragt wurden, warum sie so und nicht anders gehandelt hatten, kam niemand auf die Gegenstände zu sprechen. Diejenigen, die gerecht geteilt hatten, erzählten von ihrem Verständnis für Gerechtigkeit und wie alles sein sollte, und diejenigen, die auf ihren Vorteil aus waren, suchten sich Rechtfertigungen dafür, zum Beispiel einen unsympathischen Spielpartner.

Machen wir nicht den Fehler und halten die Probanden samt und sonders für Knalltüten. Auch die dachten, sie würden wohldurchdacht handeln und wüssten genau, warum sie was taten. Ist es nicht erschreckend, dass ein paar Requisiten Menschen habgieriger machen und sie dazu bringen können, absichtlich ungerecht zu agieren?

Tatsache ist: Unsere Gedanken und Gefühle und auch unser Verhalten sind eine permanente Reaktion auf – Zeug. Dass dem so ist, ist uns aber so gut wie nie bewusst.

Dazu gibt es jede Menge Experimente und Studien, eine meiner Lieblinge ist die hier:[43]

An der Universität Amsterdam wurde eine Gruppe Probanden in zwei Gruppen eingeteilt. Die einen bekamen den Auftrag, sich schriftlich darüber Gedanken zu machen, wie es wohl für sie wäre, ein Professor zu sein. Die andere Hälfte sollte aufschreiben, wie sie wohl wären, wenn sie ein Fußballrowdy wären. Danach bekam die ganze Gruppe 42 anspruchsvolle Fragen zum Allgemeinwissen gestellt, und prompt schnitt die Professorengruppe besser ab: Ihre Mitglieder konnten 23 Fragen richtig beantworten, die der Fußballrowdygruppe nur 18.

In dieser Art gibt es viele Studien und alle sind erstaunlich bis unheimlich. Wikipedia hat einige zusammengetragen. (›Geprimt‹ heißt in den folgenden Fällen: bekamen im Vorfeld Worte oder Bilder mit dem Thema präsentiert.)

- Wenn man einen Bleistift mit den Zähnen hält (ähnlich einem Lächeln), findet man Comics lustiger, als wenn man ihn mit den vorgestülpten Lippen im Mund hält (ähnlich einem »schmollenden« Gesichtsausdruck).

---

43 Dijksterhuis, A. und van Knippenberg, A.: »The relation between perception and behavior, or how to win a game of Trivial Pursuit«. *Journal of Personality and Social Psychology* 1998, 74 (4), S. 865–877.

- Menschen, die auf das Thema Geld geprimt wurden, sind individualistischer als die Kontrollgruppe. Sie bearbeiten schwierige Aufgaben länger, bevor sie um Hilfe bitten, sind weniger hilfsbereit und lieber allein.
- Menschen, die auf das Thema Altern geprimt wurden, bewegen sich langsamer.
- Wenn Menschen sich fünf Minuten langsam bewegt haben, erkennen sie mit dem Thema Altern assoziierte Wörter besser.
- Menschen, die sich an ein beschämendes Erlebnis erinnern, haben plötzlich das Bedürfnis, sich zu waschen.
- Menschen, die auf das Thema Angst vor dem Sterben geprimt wurden, sind empfänglicher für autoritäre Ideen.[44]

Gruselig, was? In eine Unterkategorie fällt übrigens ein Kinderspiel, das wir früher gerne gemacht haben. Dabei stellt man viele Fragen hintereinander und das Gegenüber muss möglichst schnell antworten. Mache Sie's ruhig, es geht so:

Frage: »Welche Farbe hat Schnee?«
Antwort: »Weiß.«
Frage: »Welche Farbe hat die Wand?«
Antwort: »Weiß.«
Frage: »Welche Farbe haben Wolken?«
Antwort: »Weiß.«
Frage: »Was trinkt die Kuh?«
Antwort: … Haben Sie jetzt auch als Erstes »Milch« gedacht?

---

44 Vgl. https://de.wikipedia.org/wiki/Priming_(Psychologie) (abgerufen am 09.05.2019).

Hihi! Ich habe sie ›geprimt‹.

»L., darf ich dich primen?«, frage ich ihn, als wir abends auf dem Sofa sitzen, aber L. sieht skeptisch aus: »Ist das was Sexuelles? Oder was Gefährliches?«

»Nein«, schüttle ich den Kopf. »Dann nicht«, sagt L. und nimmt noch einen Schluck von seinem Bier.

Im Übrigen will auch niemand anders in meinem Freundeskreis Priming spielen, sobald ich erklärt habe, was das ist. Es ist irgendwie ›bäh!‹ – niemand will sich unbewusst beeinflussen lassen und alle denken sofort an dieses Experiment aus dem Jahr 1957 mit der Kinowerbung, in der kurz und damit unsichtbar immer wieder eingeblendet wurde:

Iss Popcorn! und *Trink Coca Cola!*, woraufhin der Umsatz von Cola um 18 Prozent und der von Popcorn um 58 Prozent in die Höhe schnellte. Die Nachricht ging um die Welt, verschiedene Staaten in den USA verboten prompt unterschwellige Werbung und außerdem war sie eine Ente.

Die Werbung hat es nie gegeben und der Verantwortliche wollte lediglich neue Kunden für sein neu gegründetes Marketingunternehmen gewinnen ...[45]

Es ist uns unheimlich, dass das Unbewusste so einen großen Einfluss auf uns hat, Priming ist allgegenwärtig und niemand kann sich ihm entziehen. Man kann aber manchmal draufkommen: Ich habe zum Beispiel immer wahnsinnig schlechte Laune, wenn

---

45 https://de.wikipedia.org/wiki/Iss-Popcorn-trink-Cola-Studie (abgerufen am 30.12.2018).

ich im örtlichen Buchladen Buchbestellungen abhole. Ich kann den Laden nicht leiden, mich nervt die Freundlichkeit der Buchhändlerinnen, obwohl es eine ganz normale Buchhandlung ist. Keine Ahnung, warum ich hier immer so missgestimmt bin ... Und dann fiel es mir irgendwann auf: Die Buchhandlung liegt in der Innenstadt und es ist elend, dort einen Parkplatz zu finden. Eine halbe Stunde kurvt man herum und wenn ich dann ankomme, bin ich total genervt und will alles möglichst schnell erledigt haben – schließlich habe ich gerade genug Zeit vertrödelt. Und das muss das Geschäft dann ausbaden. Seit ich das weiß, ist es besser – und seit ich den Weg dorthin mit dem Fahrrad fahre, finde ich das Geschäft schöner und die Buchhändlerinnen netter.

L. habe ich übrigens doch noch geprimt:

Ich wurde inspiriert von einer Studie des Sozialpsychologen Prof. Dr. Henk Aarts der Universität Utrecht aus dem Jahr 2005, in der Probanden nach Ausfüllen eines Fragebogens ein Keks gegeben wurde. Es stellte sich heraus, dass die Probanden dreimal so oft ihren verkrümelten Platz aufräumten, wenn in dem Raum Putzmittelgeruch hing. Raten Sie, wer in seiner Küche ein Schälchen mit dem Putzmittel ›Fichtenzauber‹ aufgestellt hat? Genau. Moi!

Das Unfassbare ist: Es hat funktioniert! Also, es hat einen Morgen lang funktioniert, L. wischte Krümelreste und Orangensaftspritzer von der Arbeitsfläche und ich jubilierte innerlich. Mein großartiger Triumph dauerte aber nur, bis er das Schälchen entdeckte: »Was ist das grüne, stinkende Zeug?« Und dann diskutierten wir darüber, ob es unmoralisch ist, seinen Partner primen zu wollen – ist es.

Priming passiert die ganze Zeit, jeden Tag, und ist für mehr Entscheidungen und Verhaltensweisen verantwortlich, als Sie denken. Wenn Ihnen jemand eine Reihe Wörter zu lesen gibt, die negativ geladen sind, werden Sie das Verhalten einer völlig unbeteiligten Person im Anschluss höchstwahrscheinlich als negativ bewerten – lesen Sie hingegen positive Wörter, sind Sie deutlich eher geneigt, die Person positiv zu bewerten. Wird Ihnen ein Sportdrink präsentiert, schneiden Sie bei Aufgaben, die körperliche Ausdauer erfordern, besser ab, als wenn Sie nur eine Flasche Wasser zu sehen bekommen – dazu müssen Sie noch nicht mal einen einzigen Schluck davon nehmen.[46]

So gut wie alles, was Sie sehen und hören, beeinflusst Ihr Verhalten auf irgendeine Art, ohne dass Sie es mitbekommen, und Sie können nichts dagegen tun. Um es mit Arthur Schopenhauer zu sagen:

> *»Der Mensch kann zwar tun, was er will.*
> *Aber er kann nicht wollen, was er will.«*[47]

Haben Sie sich auch schon die ganze Zeit gedacht: Das ist bei allen anderen so, nur bei mir nicht? Ich denke das auch, und wissen Sie was? Alle anderen denken das auch. Das ist nämlich

---

46 Ron Friedman und Elliot, A. J. (November 2008), »Exploring the influence of sports drink exposure on physical endurance«, Original Research Article. *Psychology of Sport and Exercises* 9 (6), S. 749–759.

47 »Du kannst t h u n was du w i l l s t: aber du kannst, in jedem gegebenen Augenblick deines Lebens, nur ein Bestimmtes w o l l e n und schlechterdings nicht Anderes, als dieses Eine.« (Schopenhauer, Arthur: *Preisschrift über die Freiheit des Willens*. Hamburg: 1978, Felix Meiner, S. 58f. Hervorhebungen wie im Original). Daraus wurde später die bekannte Formulierung.

auch ein Clownfehler, er heißt: Third-Person-Effect oder Andere-Leute-Effekt. Sehen wir ihn uns ein bisschen genauer an.

ANDERE LEUTE

Ich wette, Sie haben an einigen anderen Stellen in diesem Buch auch schon gedacht:
Das stimmt! Das passiert total vielen Leuten! Und vielleicht waren Sie zwischendurch gelangweilt, all diese Dinge zu lesen, die nur andere Leute etwas angehen, denn mit Ihnen hat das nichts zu tun. Sie urteilen aufgrund von Erfahrung und Fakten, Sie sind sich der Beeinflussung von außen bewusst und nicht so empfänglich dafür wie andere Leute, nicht wahr?

Das ist lustig. Sie sind genauso wie L., der überzeugt ist, besser Auto zu fahren als die meisten anderen Leute – so wie ein Großteil der Auto fahrenden Bevölkerung.

Aber wenn wir alle glauben, dass sich die anderen Leute leicht beeinflussen lassen, sei es durch Werbung, politische Kampagnen oder Fake News, dann muss ja rein statistisch irgendjemand falschliegen. Und jetzt halten Sie sich fest: Manchmal sind Sie das.

Der Fehlschluss, den der Clown macht, geht so: Sie selbst sind ja nicht so leicht zu beeinflussen, und damit Sie sich das glauben können, beschließen Sie, dass die Werbung und der schlechte Einfluss von Hetzkampagnen, Propaganda und Ego-Shootern Leute beeinflusst, die nicht so sind wie sie. Die ›anderen Leute‹. Schwächere, dümmere, jüngere oder labilere Leute.

20. Bahnung und andere Leute

Das erklärt übrigens auch, warum Sie selbst an der Ampel ›nur schnell‹ diese WhatsApp lesen oder nach dem zweiten Bier doch noch fahren: Die Warnungen sind für die anderen und ›die anderen‹ schließt Sie nicht mit ein. Wenn es um die Einführung von Warnhinweisen auf zuckerhaltigen oder fettreichen Lebensmitteln geht, sind wir voll dabei, wegen ›der anderen‹. Dieses beunruhigende Gefühl, dass ›die anderen‹ empfänglich sind für alles, was so auf sie einströmt, kann zum Beispiel dazu führen, dass Sie Zensur befürworten. Um ›die anderen‹ zu schützen. Die anderen, das sind immer Gruppen, zu denen Sie sich nicht zählen: Das können Rentner sein oder Kinder, Hartz-IV-Empfänger, ›die Unterschicht‹, Studenten oder chronisch Kranke. Ganz egal. Alle, die Sie nicht sind, sind leichter zu manipulieren und fallen leichter auf X und Y hinein. Vielleicht sollte man X und auch Y gleich ganz verbieten …

Manchmal kann man sich dabei erwischen, während man das tut. Ich fahre zum Beispiel auf dem Weg zum Supermarkt an einer riesigen Werbetafel vorbei. Auf dieser prangt seit Wochen Werbung für irgendeine neue Lindt-Schokoladen-super-Geschmacksrichtung. Ich lasse mich davon natürlich nicht beeinflussen, aber angesichts des rasant steigenden Anteils an übergewichtigen Menschen und der Diabetesgefahr, finde ich, es wäre angemessen, auf dieser Werbung ein Warnschild anzubringen, so wie bei Tabak zum Beispiel. Oder sie gleich gar nicht aufzuhängen, denn: Die anderen (Übergewichtige) sind ja soooo leicht zu beeinflussen. Sie wissen aber auch, wer vom Supermarkt mit Schokoladenpudding, Smarties und einer Tafel Milka nach Hause kam. Irgendwie war mir einfach nach Schokolade gewesen …

Hier ein Kasten, in dem Sie herumfuhrwerken können, wie Sie wollen:

Denken Sie auch, dass Ihnen bewusst ist, wann Sie beeinflusst werden?
....
....
....

Wie kommen Sie darauf?
....
....
....

Was sollte Ihrer Meinung nach stärker zensiert werden? Um wen zu schützen? Warum macht Ihnen das weniger aus als den zu Schützenden?
....
....
....

21.
NEGATIV!

Der innere Clown strebt immer irgendwohin. Nicht unbedingt dorthin, wo wir auch hinwollen, wenn man uns fragt, aber er tut es. Er will immer etwas erreichen, er will mehr hiervon und weniger davon, er hat es gern bequem, und meiner möchte außerdem:
Negatives vermeiden.

Er ist irgendwie zu dem Schluss gekommen, dass negative Gefühle nicht okay, dass sie nicht normal sind, und wer welche hat, stinkt. Wenn ich mich so umsehe, wundert mich das auch überhaupt nicht: Natürlich weiß ich, dass das Leben kein Ponyhof ist, aber was der Clown sieht, ist etwas ganz anderes:

Strahlende, perfekte Schönheiten im Fernsehen, mit weißen, geraden Zähnen, glänzendem Haar und singen/schauspielern können sie auch noch. Blogs, in denen schlanke, gut aussehende Frauen gleichzeitig erfolgreich sind, schlaue Dinge sagen, und das alles in einem perfekten Heim mit zauberhaften Kleinkindern und einem Brad-Pitt-artigen Mann im Hintergrund. Und sagen Sie jetzt nicht, in echt sind die nicht so: Ich habe mal so eine für ein Interview für ihren Podcast getroffen und sie war –

umwerfend. Schön, schlau, schlank, witzig und auch noch tiefsinnig. Und abgeholt wurde sie von einem Brad-Pitt-artigen Ehemann und ich habe mir das nicht ausgedacht ...

Auf Facebook sieht der Clown außerdem das Leben von allen möglichen Leuten, die permanent eine saugeile Zeit am Strand haben, und von Instagram fange ich gar nicht erst an ... ach ja, und gerade eben hat wieder ein Teenager, der 20 Jahre jünger ist als ich, irgendeine App entwickelt und für 100 Millionen Dollar an Google verkauft.

Dass wir uns nicht falsch verstehen: Ich weiß, dass es sich um Inszenierungen handelt und dass lächelnde Prominente in großer Robe sowie die Leute, die gerade eine saugeile Zeit auf Facebook oder Instagram oder sonst wo zur Schau stellen, auch schlechte Tage haben, sich auch klein, hässlich und ungeliebt fühlen – also, ich nehme es zumindest an.

Aber dieses Wissen nützt nichts, darauf greift der Clown nicht zurück, nur auf das Gefühl. Jedenfalls ist er im Angesicht all der Dinge um ihn herum zu dem Schluss gekommen, dass Negatives nicht drin ist. Neid, Eifersucht, Wut, das ganze unschöne Pack. Negatives ist nicht erwünscht, es ist nicht normal und es wird gemieden. Und wenn man selbst dieses Negative mit sich herumträgt, dann riecht man auch so und wird auch noch gemieden, und das muss auch gar nicht sein, denn sieh nur: Alle können glücklich sein!

Und wenn nicht, dann stimmt etwas nicht und dann muss man das reparieren. Mit Therapien und Medikamenten, Ratgebern, Meditation und Schweigekloster, Minimalismus, Johanniskrauttee und Buddhismus, Veganismus oder irgendwas anderem mit ›-ismus‹ hintendran, was einem eben so einfällt.

Tatsächlich ist es aber so, dass sich die Natur was dabei gedacht hat, als sie uns negative Gefühle mitgegeben hat. Sie hat das mit Absicht gemacht und es war kein Versehen und auch nicht pure Boshaftigkeit. Negative Gefühle sind sinnvoll, denn sie motivieren uns. Wir sind darauf programmiert, unzufrieden zu sein, das treibt uns an! Die Menschheit wäre als Spezies lange nicht so erfolgreich gewesen, wenn es die Unzufriedenheit nicht gäbe! Wir säßen immer noch grinsend in unseren Fellen am Lagerfeuer, mit einem Stück angekokeltem Mammut in der Hand. Unzufriedenheit treibt uns an, uns zu verändern, Dinge zu erfinden, zu erobern und Neues zu entdecken. Wenn wir das dann tun, lässt das Gehirn auch eine Runde Dopamin springen, zur Belohnung. Negative Empfindungen sind eine Empfehlung unserer Neuronen, etwas zu unternehmen, ein Hinweis, dass es an irgendeiner Stelle vielleicht gerade hakt. Sie sind kein Fehler im System und kein persönliches Versagen, sondern ein ganz normales Merkmal unserer Spezies. Diese negativen Gefühle gehören überprüft, man kann ihnen nicht immer trauen, aber Vermeidung ist nicht der Weg:

Es ist wie eingangs beschrieben mit der Erleuchtung. Je mehr man etwas versucht, desto weniger ist es zu erreichen. Alan Watts hat das mal als ›Gesetz der Umkehrung‹ beschrieben: »Wenn du versuchst, auf der Oberfläche des Wassers zu bleiben, so ver-

wenn du jedoch zu sinken versuchst, so trägt dich das Wasser. Wenn du deinen Atem anhalten willst, verlierst du ihn.«[48]
Das heißt: Je mehr man strampelnd versucht, Negatives zu vermeiden, desto mehr versinkt man darin, denn: Positive Erfahrungen machen zu wollen ist an sich schon eine negative Erfahrung. Wenn man sich aber, wie bei dem Vergleich mit dem Wasser, ergibt und treiben lässt, also die negative Erfahrung akzeptiert, dann ist das wiederum eine positive Erfahrung! Klingt verrückt, nicht?

Wie eingangs mit den Suchenden nach Erleuchtung beschrieben: Je mehr die Leute spirituell erleuchtet sein wollen, umso selbstzentrierter und oberflächlicher werden sie. Und je unbedingter und verzweifelter ich strample, um mich zufriedener zu fühlen, desto unzufriedener werde ich. Mir wird nämlich nur umso klarer, dass mir genau die fehlt: die Zufriedenheit.

Mark Manson treibt das in seinem Buch *Die subtile Kunst des darauf Scheißens* noch weiter:

»Je verzweifelter du versuchst, reich zu werden, desto ärmer und unwürdiger fühlst du dich, ganz unabhängig davon, wie viel Geld du eigentlich verdienst. Je mehr du sexy und begehrt sein willst, als desto hässlicher wirst du dich selbst wahrnehmen, unabhängig von deinem tatsächlichen Äußeren. Je verzweifelter du versuchst, glücklich zu sein und dich geliebt zu fühlen, desto einsamer und ängstlicher wirst du, ganz gleich, wie sich dein Umfeld verhält.« … *»Der Existentialist Albert Camus sagte mal: ›Du wirst nie glück-*

---

48 Watts, Alan: *Die Weisheit des ungesicherten Lebens*, Knaur Taschenbuch, München: 2014, aus dem Vorwort.

lich sein, solange du danach forschst, woraus Glück besteht. Du wirst nie richtig leben, solange du nach dem Sinn des Lebens suchst.«『[49]

Hat was, stimmt's? Tatsächlich habe ich während meines letzten Buchs eine ganz ähnliche Erfahrung gemacht: Kaum habe ich vor den Freunden von L. ausgesprochen, dass ich mich ihnen gegenüber unsicher fühle, fühlte ich mich viel sicherer. Größer. Schwächen einzugestehen macht stark, nicht nur vor sich selbst, sondern auch vor anderen. Es gehört schließlich Mut dazu und wie immer, wenn man sich überwindet und etwas Mutiges tut, fühlt man sich gut. Authentisch.

Komplizierter ist es, wenn Sie zum Beispiel damit hadern, dass Ihr Bruder seit jeher bevorzugt wird. Oder wenn Sie finden, dass Ihre Freunde Sie nicht so sehr schätzen wie umgekehrt, oder wenn Sie ungerecht behandelt werden (und auch, wenn es nur scheinbar so ist) oder wenn Sie gar nicht mehr wissen, warum Sie ständig dieses ungute Gefühl haben …

Egal, um welches Gefühl es sich handelt, ob Überforderung oder Eifersucht, Scham, Trauer, Wut oder wenn Sie sich verletzt oder ausgegrenzt fühlen oder irgendwie bäh: So zu tun, als wäre nichts, es wegwischen, bringt nichts. Gefühle gehen nicht einfach weg, höchstens an die Decke.

Menschen tun verschiedene Dinge, wenn sie versuchen, ihre Gefühle zu ignorieren:

---

49 Manson, Mark: *Die subtile Kunst des darauf Scheißens*, mvg Verlag, München: 2017, S. 15.

- So tun, als wäre nichts.
- Einen Stellvertreter anblaffen.
- Sich abreagieren, an einem Kissen, per Schreien oder indem man joggen geht.
- Rache schwören.
- Zynisch werden.
- Sich einreden, dass alles ja gar nicht so schlimm ist.
- Schnell hinter dem Kühlschrank sauber machen gehen …

Das alles sind Mechanismen, die uns der Clown vorschlägt, um negative Gefühle zu verdrängen. Auch wenn Sie sich nach einem der genannten Punkte vielleicht kurz besser fühlen und von der Kissen-und-schrei-Methode oder der Jogging-Lösung überzeugt sind:

Sie können leicht überprüfen, ob die Methode tatsächlich erfolgreich ist. Denken Sie einfach danach an das Problem zurück: Wenn Sie wieder das negative Gefühl verspüren, hat Ihre Lösung doch nicht funktioniert. Praktizieren Sie diese Verdrängung auf Dauer, können dabei Herzkrankheiten, Autoimmunerkrankungen und Darmbeschwerden herauskommen. Sie können Diabetes, Angstzustände, Aggressionen und ein schwaches Erinnerungsvermögen provozieren. Im Zwischenmenschlichen kann es sein, dass Sie zu impulsivem Verhalten neigen und sich der Signale, die Sie anderen Menschen senden, weniger bewusst sind – und Sie fühlen sich zunehmend isoliert.

Die einzige Möglichkeit, den negativen Gefühlen beizukommen, ist, sie zu Wort kommen zu lassen, zu kollaborieren. Lassen Sie es nicht zu, dass der Clown sagt: »Schwamm drüber! Sooo tragisch ist das nicht«, wenn es eben doch tragisch ist.

Sehen Sie sich diese negativen Gefühle genau an: Warum fühle ich gerade Wut? Warum bin ich unzufrieden? Was rumort in mir? Welche Annahme liegt diesem Gefühl zugrunde und ist diese Annahme überhaupt richtig? Vielleicht ist dem Clown ja mal wieder ein Fehler unterlaufen ... Und wenn nicht: Was wäre nötig, um an diesem miesen Gefühl was zu ändern? Reicht es vielleicht, es auszusprechen? Muss ich jemanden zur Rede stellen? Und wenn, dann wen? Geht es nur um ein Ärgernis und wenn ja, welches? Oder gibt es etwas in meinem Leben, das einer grundsätzlichen Überarbeitung bedarf?

Ob das anstrengend ist? Natürlich ist es das, aber ... Sie wissen schon.

Je nachdem, wie man mit Niederlagen umgeht, geht man daraus hervor. Ganz besonders eindrücklich ist das daran zu sehen, wie Menschen mit Trauer umgehen.

Meine Freundin Jana hat mit 29 ihren Papa verloren. Damit war sie kein Kind mehr, aber es war eben doch viel zu früh, es kam völlig unerwartet und er war der Letzte aus der Elterngeneration, der noch übrig geblieben war. Es war die Hölle, natürlich. Der Schock war riesig, der Schmerz fürchterlich und Jana war aufgelöst. Der Schmerz floss durch sie hindurch, geradeso, als hätte sie Geburtswehen. In einem Moment war sie einigermaßen gefasst, und im nächsten krümmte sie sich nach vorne und schrie. Sie flog in die Heimatstadt ihres Vaters und blieb dort bei ihrer Stiefmutter, die nicht weniger litt, und als sie zurückkam, war sie nicht mehr geschockt, aber unendlich traurig. Die darauffolgende Zeit war eine Zeit des Suchens: Sie sprach viel über ihn, sie teilte ihre Erinnerungen an ihn, besuchte Orte, die ihnen wichtig gewesen waren und begegnete ihm so. Diese Begegnungen waren, schmerzhaft und sie begab sich freiwillig hinein. Sie beschäftigte sich mit den Dingen, die von ihm übrig waren, und mit Menschen, die ihn gekannt hatten, und sie schämte sich nicht, anderen ihren Schmerz einzugestehen.

Man könnte sagen, es ist absurd. Es ist fast masochistisch, sich immer wieder aktiv selbst in den Schmerz zu manövrieren und zu leiden. Aber diese Zeit brachte so etwas wie eine langsame Trennung mit sich. Es war, als würde sie dieses tiefe Tal selbst aktiv durchwandern und darin herumstreunen und irgendwann – wurde es besser. Eine Erinnerung oder ein Geruch, den sie mit ihm verband, führte nicht mehr dazu, dass sie in Tränen ausbrach und schluchzte, sondern sie wischte sich ein Tränchen aus den Augenwinkeln und lächelte. Sie konnte irgendwann über ihn sprechen und man hörte Liebe in ihrer Stimme, und natürlich tat es noch weh – und tut es immer noch –, aber es wirft sie nicht mehr aus der Bahn. Er wurde zu einer Erinnerung, aber zu einer schönen, einer, die das Herz erfüllt.

Ihr Bruder hat dieses Suchen nach dem Schmerz weggelassen. Er war ebenso geschockt, ebenso aufgelöst und er kam für die Beerdigung angeflogen und lag sich mit seiner Schwester schluchzend in den Armen, aber danach versuchte er, irgendwie damit fertigzuwerden. In seinem Fall, indem er viel arbeitete. Er vermied es, sich mit den Dingen, die vom Vater übrig geblieben waren, zu beschäftigen, er vermied den Kontakt zu Menschen, die ihm nahegestanden hatten, und wenn ihn eine Erinnerung überkam, wischte er sie weg. Man kann es auch gut verstehen: Es tat weh, und weh ist scheiße.

Janas Bruder funktionierte viel schneller wieder nach dem Tod seines Vaters, er arbeitete wie gesagt viel, er war gefasst und er konnte über die Umstände des Ablebens berichten, ohne dass man ihm angemerkt hätte, wie wenig Zeit inzwischen vergangen war. Er hatte sich einfach gut im Griff. Inzwischen ist das alles über 15 Jahre her. Viel ist in der Zwischenzeit passiert. Der Bruder hat jetzt zwei Kinder, er arbeitet nicht mehr so viel, Jana wurde eine erfolgreiche Produzentin und nennt zwei nigelnagelneue Hüften ihr Eigen, und es läuft einigermaßen rund im Leben von allen Beteiligten. Es ist entspannt. Vielleicht hat diese Entspannung dazu beigetragen, dass sich der Bruder etwas gelockert hat, vielleicht liegt es an den Kindern, die brechen ja die härtesten Panzer auf, und vielleicht liegt es auch an seiner Frau, die er liebt – oder an allem zusammen. Aber wenn sich heute ein emotionaler Moment ergibt, zu Weihnachten, am Geburtstag der Kinder oder weil wir gerade in der Sonne sitzen und jemand eine schöne Geschichte erzählt – wenn dann die Sprache auf seine Familie kommt und somit auch auf den Vater, dann stürzt der Bruder in das tiefe Tal, das er so lange so penibel vermieden hat. Nach 15 Jahren. Der Unterschied zwischen den Geschwistern, wie sie den Tod ihres Vaters verarbeitet haben – beziehungsweise nicht verarbeitet haben –, kam ganz deutlich heraus, als der Bruder heiratete. Es war eine wunderschöne Zeremonie, die Kinder trugen den Ring nach vorne, die Braut war bezaubernd und die Feier danach ein wirkliches Fest. Jana hatte während der gesamten Hochzeit in einer Tasche ihres Kleides ein altes Hochzeitsfoto ihrer Eltern einstecken. Es war ihr ein Bedürfnis, dass sie an diesem besonderen Tag irgendwie ›dabei‹ waren. Sie fand den Gedanken schön und auch wenn er etwas schmerzte, war es doch ein süßer Schmerz, ein guter, einer, bei dem man lächeln kann.

»Meinem Bruder kann ich das nicht zeigen«, schüttelte sie den Kopf, als sie laut darüber nachdachte, »der bricht mir hier zusammen.« Das ist der Unterschied.

Wenn wir Negatives bewältigen, kommen wir immer gestärkt daraus hervor, das bekommt man nicht, wenn man es wegschiebt, totschweigt oder so tut, als wäre nichts. Fehler zu vertuschen, ist ein Fehler, Angst nicht zuzugeben, macht noch mehr Angst, und Leid zu meiden, ist eine Form von Leid. Was uns als Mensch größer macht, kommt aus bewältigten negativen Erfahrungen, also mutig voran und mittendurch.

Nach dem Gesetz der Umkehrung (wenn du versuchst, auf der Oberfläche das Wassers zu bleiben, so versinkst du; wenn du jedoch zu sinken versuchst, so trägt dich das Wasser) macht es zum Beispiel auch überhaupt keinen Sinn, entspannen zu wollen. Das ist ja wohl das Unentspannendste, was es überhaupt gibt.

Nachdem ich nicht so gut bin im Entspannen beziehungsweise nur auf so eine unspirituelle Sofa-Nougatschokolade-Weise, habe ich es mit Meditation versucht. Das soll ja Wunder wirken, und an meinem ersten Abend saß ich da, mordsbesinnlich mit zehn anderen Damen im Schneidersitz, und die Vormeditiererin sagte so etwas wie:

»Und jetzt schließen wir die Augen und denken an nichts.«

Und mein Kopf so: »Wie, nichts?«, und ging daraufhin alle Dinge durch, die in den nächsten Tagen erledigt werden mussten. Auch wenn ich immer wieder versuchte, an nichts zu denken – ich kriegte es nicht hin. Inzwischen weiß ich, dass das Quatsch ist. Wir können nicht an nichts denken. Wenn wir denken, dass wir nichts denken sollen, denken wir ja schon etwas. Wenn wir außerdem noch still sitzen und die Augen zu haben, dann ist dem Geist so sterbenslangweilig, dass er sofort damit anfängt, sich selbst zu beschäftigen. Wer will es ihm verübeln ...?

Inzwischen weiß ich, dass die Sache mit der Meditation anders geht. Es geht darum, den Geist zu beobachten und zu lenken. Damit ihm nicht öd ist, wird die Aufmerksamkeit auf ein Meditationsobjekt, zum Beispiel die Atmung, gelenkt, auf das er sich fokussieren kann. Und es ist völlig normal, dass er immer mal wieder abschweift (Atmung ist ja jetzt auch nicht gerade der Blockbuster der Unterhaltung), aber man lernt so, ihn zu beobachten, sich nicht in Gedankenassoziationen zu verlieren und ihn zurückzulenken, wenn er abschweift.

Eine hervorragende Sache übrigens, gerade, um darauf aufmerksam zu werden, wann der Clown Quatsch verzapft, falschliegt oder ein Eis möchte, denn man erkennt Gedankenmuster schneller und kann sich leichter von automatischen Reaktionen lösen. Ich sollte da unbedingt wieder hingehen – aber finden Sie nicht auch, dass diese Wolke dort so aussieht, als ob es heute noch regnen könnte?

> **Hier ein Kasten, in dem Sie herumfuhrwerken können, wie Sie wollen:**
>
> Gibt es negative Gefühle, die Sie versuchen wegzudrücken?
> ....
> ....
> ....
>
> Welche sind das? Und machen die Sinn? Wo kommen sie her?
> ....
> ....
> ....
>
> Was wäre nötig, um diese in etwas Positives zu verwandeln?
> ....
> ....
> ....

22.
STELL DICH NICHT SO AN!

Aber nicht nur der Clown macht Fehler. Manchmal liegt er völlig richtig und den Fehler machen wir. Es gibt sogar einen ganz elementaren Fehler, den wir im Umgang mit ihm machen – also ich mache ihn. Immer wieder:
 Ich ignoriere ihn, und dann dreht er durch.

Meiner springt zuverlässig aus der Kiste, wenn ich Stress habe. Ich denke, er meint es gut. Er will mich nur beschützen – aber er passt mir einfach nicht in den Kram.
 Ich habe hin und wieder höllisch viel zu tun: Ich habe einen Abgabetermin und bin nicht sicher, ob ich ihn einhalten kann, gleichzeitig wird das Kind krank (und hat nächste Woche Geburtstag), der Steuerberater sagt, es ist ein kleiner Fehler unterlaufen, und wir müssen das vergangene Geschäftsjahr noch mal durchgehen, der Drucker geht kaputt (schon wieder), mein Papa kommt ins Krankenhaus, L. ist seit Tagen gereizt wegen irgendwas und ... FUCK! Ich habe völlig vergessen, dass ich zugesagt habe, an der Schule vom Kind Bücher vorzulesen und mich um die Pflanzen der Nachbarn zu kümmern! Ich könnte ewig so weitermachen.

Die Leute gehen ja verschieden mit solchen Stressmomenten um. Ich gehöre zu denen; die sich in solchen Situationen selbst sagen: Augen zu und durch, gekniffen wird nicht, irgendwie geht es schon. Muss ja.

Und während ich noch an allen Fronten versuche, die Stellung zu halten, und hektisch anfange zu organisieren, zu verhandeln, zu beruhigen und nicht die Nerven zu verlieren, merke ich, dass weit hinten jemand winkt: mein Clown. Ich merke das daran, dass ich für tägliche Routinesachen mehr Zeit brauche und nicht gut Entscheidungen fällen kann. Ich merke auch, dass mir dumme Fehler unterlaufen, ich Sachen vergesse und mich für nichts mehr interessiere. Ich kann auch keine Momente genießen, die ich sonst genieße, und nicht planen: Alles, was nächste Woche passiert, ist in meiner Vorstellung noch ewig hin, und wenn ich nachts einmal aufwache, ist es dahin mit dem Schlaf, weil ich mir dann überlege, wie ich alles schaffen könnte beziehungsweise was alles Schlimmes passiert, wenn ich nicht alles schaffe. Und Nackenschmerzen bekomme ich auch.

Das ist der Moment, an dem auch anderen auffällt, dass es bei mir nicht rundläuft. L. merkt es als Erstes, denn aufgrund eines dünnen Nervenkostüms passieren Dinge wie:

L.: »Haben wir eigentlich noch Milch?«
Ich: »Keine Ahnung, BIN ICH DENN HIER FÜR ALLES VERANTWORTLICH?«
L.: »…«
Ich: heule.

Das Kind merkt es, einfach weil ich öfter auf den Trick ›Ich zähl jetzt bis drei‹ zurückgreife (und wenn es irgendwann herausfindet, dass nach drei absolut gar nichts passiert, bin ich am Arsch), und meine Freundinnen merken es auch. Im besten Fall hören sie sich die Tragödie einfach nur an, im schlechtesten Fall gibt es einen Tipp à la:

»Du brauchst eine Pause. Du musst mal auftanken! Ein Wellnesswochenende wäre doch was.«

»ICH HABE KEINE ZEIT!«, blaffe ich dann, denn wenn ich mir nur einen Moment lang vorstelle, ich muss am Arsch der Welt in einem lauwarmen Blubberbad liegen, während die Abgabefrist verstreicht, das Kind nicht betreut ist, Papa im Krankenhaus liegt und die Steuer wartet – dann, dann … also ich weiß gar nicht, was dann. Dann passiert wahrscheinlich das, was das Kind denkt, das nach »drei« passiert: Die Welt hört auf zu existieren, so wie wir sie kennen.

Ich strample wie verrückt und merke, dass ich strampelnd langsam versinke: in schlechter Laune, Stress und letzten Endes im Chaos. Aber aufgeben ist nicht drin und statt hinzuschmeißen, in Tränen auszubrechen oder beides gleichzeitig, schimpfe ich mit mir selbst. Das Mantra ist dabei jedes Mal das gleiche: JETZT STELL DICH NICHT SO AN! Ich bin mein eigener Drill Sergeant …

Zugegeben, oft funktioniert diese Strategie, aber nur, wenn es sich um eine kurze Zeitspanne handelt. Aber wehe, der Wahnsinn hält an: Dann winkt der Clown nicht nur aus dem Hintergrund, er schnappt sich die Pompons, springt vor meiner Nase auf und ab und trötet mir mit einer Hupe direkt ins Gesicht. Man kann ihn nicht ignorieren – zumindest nicht lange.

Wissen Sie, was er das letzte Mal gemacht hat, als es zu lange dauerte? Er hat mir einen Schwindel geschickt. Also Schwindelgefühle – so stark, dass ich meinen Kopf nicht mehr drehen konnte, ohne mich irgendwo festzuhalten. Selbst wenn ich flach im Bett lag, drehte sich alles um mich, sobald ich mich von einer Seite auf die andere zu drehen versuchte. Da half nicht mal mehr die gute alte Methode ›einen Fuß aus dem Bett strecken und auf dem Boden abstellen‹ zum Bremsen. Und das hatte IMMER bei Schwindel geholfen – zumindest, wenn der vom Wein kam. Zugegeben, eine originelle Art, meine Aufmerksamkeit zu erheischen, aber eben doch sehr lästig.

Wenn es sich irgendwie einrichten lässt: Hören Sie auf ihn, bevor er die schweren Geschütze auffährt. In Sachen Stress hat er nämlich einiges zu bieten: Er kann emotionale Hinweise schicken, aber auch körperliche. Den Klassiker Herzinfarkt natürlich und Hörsturz, aber auch gerne was mit Immunschwäche, generell Muskelschmerzen und Magen-Darm! Am besten versuchen Sie, gar nicht erst das Mittel der Wahl Ihres Clowns präsentiert zu bekommen. Kümmern Sie sich um ihn, solange er nur winkt.

Hier ein Kasten, in dem Sie herumfuhrwerken können, wie Sie wollen:

Merken Sie bei Stress, dass der Clown Sie warnt? Wie emotional?
....
....
....

Wie körperlich?
....
....
....

Nach welcher Zeit? Wäre es möglich, Entspannungsphasen einzulegen? Wie?
....
....
....

NACHWORT

Wir sind also zusammengefasst ahnungsloser, unfähiger, ohnmächtiger, bedeutungsloser, selbstgerechter, verbohrter und doofer, als wir uns gemeinhin eingestehen.

Wir sind uns nicht darüber im Klaren, warum wir tun, was wir tun, und erzählen uns stattdessen irgendwelche Geschichten, die wir uns zusammenreimen. Die tatsächlichen Gründe für unser Verhalten bleiben uns oft verborgen …

Zugegeben – das klingt nicht durchweg positiv.

Ein Grund zum Verzweifeln ist es aber auch nicht. Zum einen sind wir darauf angewiesen, dass uns jede Menge Entscheidungen abgenommen werden, und es steht uns frei, diese zu hinterfragen. Oder zumindest mal nachzusehen, ob nicht irgendein kruder Fehler der Grund dafür war.

Es gibt Fehler, die sind allen Clowns gemein – andere sind ganz individuell. Vermutlich haben Sie bei einigen Beispielen in diesem Buch mit dem Kopf genickt und andere kamen Ihnen völlig abwegig vor. Vielleicht ist Ihr Clown der Meinung, Sie werden nur geliebt, wenn Sie sich aufopfern oder hübsch aussehen. Vielleicht sagt Ihr Clown Ihnen, Sie können keine gute Mutter sein, oder er meint, nur Leute, die so aussehen und so leben wie Sie, sind in Ordnung, oder Angelsachsen sind blöd.

Wir haben aber einen ganz großen Vorteil, denn wir wissen, dass es den Clown gibt – und wie mächtig er ist. Damit haben wir das Anfänger-Level bestanden. Danach geht es weiter zum Level für Fortgeschrittene: den richtigen Umgang mit dem Clown üben.
 Das ist übrigens, was das viel benutzte Wort ›Achtsamkeit‹ auch bedeutet: das Überprüfen der Clownansichten.

Misstrauen Sie Ihrem ersten Eindruck und holen Sie Unbewusstes ins Bewusste. Das ist der freie Wille.
 Nehmen Sie Ihre Gefühle wahr und ändern Sie im Zweifelsfall die Umstände, die zu ihnen führen, denn die Gefühle können Sie nicht ändern – und unterdrücken schon gar nicht.
 Je mehr Sie über Ihre unbewussten Clownansichten wissen, desto besser. Dazu trägt dieses Buch bei. Hoffe ich zumindest.

Es ist wirklich so einfach. Nur leicht ist es nicht.

In diesem Sinne: Toi, toi, toi und Grüße an Ihren Clown!

192 Seiten
16,99 € (D) | 17,50 € (A)
ISBN 978-3-86882-666-1

Alexandra Reinwarth
Am Arsch vorbei geht auch ein Weg
Wie sich dein Leben verbessert, wenn du dich endlich locker machst

Es gibt Momente im Leben, in denen einem klar wird, dass man etwas ändern muss. Der Moment, als Alexandra Reinwarth ihre nervige Freundin Kathrin mit einem herzlichen »Fick Dich« zum Teufel schickte, war so einer. Das Leben war schöner ohne sie – und wie viel schöner könnte es erst sein, wenn man generell damit aufhörte, Dinge zu tun, die man nicht will, mit Leuten die man nicht mag, um zu bekommen, was man nicht braucht! Wer noch der Meinung ist, das Leben könnte etwas mehr Freiheit, Muße, Eigenbestimmung und Schokolade vertragen und dafür weniger Kathrins, WhatsApp-Gruppen und Weihnachtsfeiern, der ist hier goldrichtig. Lassen Sie sich von Alexandra Reinwarth inspirieren, wie man sich Leute, Dinge und Umstände am Arsch vorbei gehen lässt, aber trotzdem nicht zum Arschloch mutiert. Und lernen Sie von ihr, wie kleine Entscheidungen einen großen Effekt auf die Lebensqualität haben können.

240 Seiten
16,99 € (D) | 17,50 € (A)
ISBN 978-3-86882-916-7

Alexandra Reinwarth
Das Leben ist zu kurz für später
Stell dir vor, du hast nur noch ein Jahr - ein Selbstversuch, der dein Leben verbessern wird

Einen Tag nach ihrem Todestag wacht Alexandra Reinwarth morgens auf – und ist glücklicher als je zuvor. Und nichts ist mehr so, wie es einmal war.

Aber von vorne: Es gibt Momente, in denen einem klar wird, dass es so nicht weitergehen kann, dass sich das Leben ändern muss. In einem genau solchen Moment entschließt sich Alexandra Reinwarth zu einem spannenden Selbstversuch: Sie wird so leben, als wäre es ihr letztes Jahr. Und dieses Experiment ändert alles: Wie aus Sorgen, Stress und Anspannung ein Leben ohne Wenn und Aber mit völlig neuen Prioritäten und überraschenden Zielen wurde, erzählt sie in ihrer unnachahmlich humorvollen Art und zeigt, was passiert, wenn man wirklich im Jetzt lebt!